墨子

森 三樹三郎 訳

筑摩書房

墨子【目次】

墨子

尚賢篇(1)

子墨子は次のように言われた。

今の王公大人で、国家に政治を行なっているものは、みな国家が富み、人民が多く、行政や司法が治まることを望んでいる。それにもかかわらず、富を得ないで貧を得、多きを得ずして少なきを得、治まるを得ないで乱るるを得ている始末であり、自分の欲している事柄を得ることができず、かえって自分の憎む結果を得ている有様である。いったいその理由はどこにあるか。

子墨子は次のように言われた。

これは国家において政治を行なっている王公大人が、賢者を尊び、有能者を任用して政治をすることができないからである。だから国に賢良の士が多ければ、その国はよく治まるし、賢良の士が少なければ、それだけ国の治まり方も悪くなる。したがって王公大人の務は、もっぱら賢人を多くすることにある。

それでは賢人を多くするには、どうすればよいのであろうか。子墨子は次のように言われた。

たとえば、もしその国で射術や乗馬をよくする者を多くしようと思えば、彼らに富貴をあたえ、名誉ある地位につかせることが必要である。かくてこそ、その国に射術や乗馬の達人を多く集めることができよう。いわんや賢良の士で、徳行に厚く、談論をよくし、学芸に博く通ずる者においては、なおさらのことである。やはり富貴をあたえ、名誉ある待遇をすることが必要であり、かくてこそ国の良士を多くすることができるのである。

このため、上古の聖王が政治を行なうときは、「義《ただ》しい者でなければ、富貴の禄位を与えず、義しい者でなければ親しまないし、義しい者でなければ近づけない」と宣言した。そこで国内の富貴の人々は、この言葉を聞き、みな退いて相談し、「今まで自分らが頼りにしてきたものは富貴であるが、いまや主君は義《ただ》しい者を登用し、たとえ貧賤の者でも構わぬといわれる。かくては我々も義《ただ》しきをなさなくてはならぬ」といった。また君主と親しい間柄にある者も、君主の言葉を聞き、退いて相談し、「今まで自分らが頼りにしてきたものは、主君と親しいということであった。ところが、今や主君は義《ただ》しい者を登用し、たとえ疏遠な間柄の者でも構わぬといわれる。かくては我々も義しきをなさなくてはならぬ」といった。また君主の側近にある者も、君主の言葉を聞き、退いて相談し、「今まで頼りにしてきたのは、主君の側近であるということであった。いまや主君は義《ただ》しい者を登用し、疏遠な者でも構わぬといわれる。かくては我々も義《ただ》しきをなさねばならぬ」といった。ところで、いままで君主に疏遠であった者は、この君主の言葉を聞き、退いて相談し、「今まで我々は疏遠であるために望みがないと思っていたが、いまや主君は義しい者を登用し、疏遠な者でも構わぬといわれる。かくては我々も義しきをなさねばならぬ」といった。かようにして、都を離れた郊外に住む臣下や、宮中警備の役にあたる部屋住みの士の子弟や、さては都城内の民、城外の四方に住む民に至るまで、いずれもこの君主の言葉を聞き、競うて義をなすようになった。

その理由は何であろうか。上の君主が下の臣を使うのに必要な事柄は唯一つで十分なのであり、臣下が上に仕えるのに必要な道も唯一つあれば十分である。つまり義を貴ぶという、唯一つのことがあればよいのである。これを譬えて言うならば、富人の家には高い牆壁《しょうへき》や奥深い宮室があるものであるが、もしその宮室牆壁を作ってから、唯一つの門だけを設けることにすれば、たとえ盗人が忍びこんだとしても、その忍び入った門を閉じて捜索すれば、その盗人は出口がなくなるのである。それというのも、唯一つの要点を押えているからにほかならない。

だから昔の聖王の政治においては、有徳者を位に列し、賢者を尊び用いた。たとえ農業や工商に従っている者でも、能力があれば、これを登用し、高い爵位をあたえ、重い俸禄を給し、政治の任務をあたえ、その命令を断行する権を授けた。(2) その理由とするところは、「爵位が高くなければ民はこれを尊敬しないし、俸禄が厚くなければ民はこれを信用しない。また政令を断行する権がなければ、民はこれを恐れない。この三つのものを賢者に授けるのは、賢者に対して格別の恩賜をするためではなく、国の事業を成功させようと願うからである」というのであった。

したがって聖王の当時には、徳の上下によって爵位を定め、官職の序列に従って任務の内容を規定し、勤労の大小に従って賞与を定め、勲功の高下を計って俸禄をあたえた。このため「官に常貴なく、民に終賤なし」(3) という状態になり、能力があれば登用し、能力がなければこれを下すという調子であった。古語に「公義をあげて、私怨を退く」とあるのは、このことを言ったものである。

むかし堯は、服沢の北に住んでいた舜を登用して、これに政治の権を授け、これによって天下が治まった。また禹は陰方のうちに住んでいた伯益を登用し、これに政治の権を授け、これによって九州が和らいだ。殷の湯王は庖厨のうちで料理人になって働いていた伊尹《いいん》を登用し、これに政治の権を授け、これによって天下の王者となる謀りごとを成就することができた。また周の文王は、漁猟の仕事をしていた閎夭《こうよう》や泰顚《たいてん》を登用し、これに政治の権を授け、これによって西土の地を帰服させることができた。だからこの当時にあっては、厚禄尊位にある臣下も、これを見て自ら敬慎して恐れないものはなく、反対に、農業や工商に従う人々は、互いに競い勧めあって、自らの徳を高くしようとしないものはなかった。

この故に、士というものは、君主のために政治を輔佐し、その旨を受けて仕事をするものである。だから賢士さえ手に入れば、心を苦しめて謀りごとを立てる必要もないし、身体を疲労させることもなく、しかも名声は立ち、功業は成就し、美徳が世にあらわれ、悪評の立つ余地がなくなるのである。

だから子墨子は次のように言われた。

得意の時にも、賢士を登用しなければならぬ。失意の時にも、賢士を登用しなければならぬ。上古の堯舜や禹王・湯王の道を祖述しようと思えば、やはり賢者を尊ばなければならぬ。そもそも賢者を尊ぶことこそ、政治の根本なのである。

尚同篇(4)

子墨子は次のように言われた。

現在から、上古の人民が始めて生まれ、まだ君主というものを持たなかった時代のことを振りかえってみると、およそ次のような状態であったものと思われる。

天下の人々は、人それぞれに主義を異にしていた。したがって一人について一つの主義があり、十人ならば十義、百人ならば百義があるというありさまであり、人数が増せば増すほど、その主義の数も多くなるのであった。このため人々は各自の主義を是とし、他人の主義を非とするのであるから、たがいに相手を非難するという状態であった。一家の内にあっては、父子兄弟が仇敵の間柄にあり、誰もが離散の心をもち、和合の気持をもつものがない。たとえ自分に余力があっても、人をあわれみいたわることがなく、よい考えがあっても人に教えようとはせず、ありあまる財物や食糧を腐らせるほど持ちながら人に分けようともしない。天下の混乱したありさまは、禽獣の世界にもひとしいものがあった。君臣上下や長幼の区別もなく、父子兄弟の礼もなかったのであるから、天下の乱れるのも当然である。

そこで、民衆各自の意見を同一化すべき君主が存在しないことが、天下の乱れる原因であることが明らかになってきた。その結果、天下の人々のうちで、賢明善良の徳をそなえ、聡明で知慧のすぐれた人物を選び、これを立てて天子とし、天下の人々の主義主張を同一化する任務にあたらせることになった。かくて天子は立てられたが、しかし天子一人の耳目の能力だけでは、広い天下の人々の主義を同一化するには不十分であるというところから、さらに天下の人々の間から賢明善良で、聡明で知慧のすぐれた人物を選出し、これを三公(5)に任命し、天下の人々の主義を同一化する仕事にあたらせることになった。かくて天子と三公とが立てられたが、しかしそれでもなお天下は広大であり、山林や遠土にすむ民を同一化するには十分でないと考えられたので、天下の土地を分割し、多くの諸侯、すなわち国君を立て、それぞれの国の人々の意見を同一化させることになった。かくて国君が立てられたのであるが、しかし国君一人では一国の人々の意見を同一化するのに十分でないと考えられたので、国内の賢者を選出して、左右の近臣・将軍・大夫に任じ、さらには郷里の長に至るまでを任命して、一国の人々の意見を同一化する仕事にあたらせることになった。

かようにして天子や諸侯などの君主や、郷里の長が置かれることになった。そこで天子は政令を発し、教誨を施して、「およそ何人に限らず、善事を見聞した者は、必ずその上にある者に報告し、不善を見聞した者も、必ずその上に報告せよ。上の者が是として認めたことは、汝らもこれを是として認め、上の非とするところは、汝らもこれを非とせよ。汝らに善き意見あれば具申し、上に過ちあれば正し諫めよ。すべて上に同ずることを旨とし、下に党《くみ》することがあってはならぬ。このようにすれば上はこれを賞するであろうし、万民はこれを聞いて誉めたたえるであろう。もし逆に、善事を見聞しながら上に報告せず、不善を見聞しながら上申せず、あるいは上の是とするところを是とすることができず、上の非とするところを非とすることができず、己れに善き意見がありながら具申せず、上に過ちがあるのに正し諫めず、下に党して上をそしるような者があれば、上はこれを見つけ次第に誅罰するであろうし、万民はこれを聞いて非難を加えるであろう」と、さとした。かようにして、昔の聖王の行なった賞罰は、はなはだ明らかであり、かつ正しきを得たものであった。

そこで、天下の人は、こぞって上の賞誉を得ようと思い、上の刑罰を恐れるようになった。このため里長は、天下の政治に見習って、その里の人々の意見を同一化する。かくてその里の意見を同一化した里長は、その里に住む民衆をひきいて、上級の郷長に帰一しようとする。里長は一郷の人々に向い「およそ里の民衆は、すべて郷長の下に帰一し、あえて下に党するようなことがあってはならない。郷長の是とするところは必ずこれを是とし、郷長の非とするところは必ずこれを非としなければならぬ。汝の不善なる言を去って郷長の善言を学び、汝の不善なる行為を去って郷長の善行を学ばねばならない」と訓示する。郷長はもとより郷の賢者である。郷人をあげて郷長を模範にすれば、郷が治まらぬということはあり得ないのである。

郷長が郷を治めるのは、いかなる方法によるのであるか。それはその郷の人々の意見を同一化することによる以外にはない。かくしてこそ郷は始めて治まるのである。

かくて郷長の指導によって郷が治まると、郷長は一郷の人民をひきいて、国君に帰一する。そのさい郷長は、「およそ郷の万民は、かみ国君に帰一し、下に党するようなことがあってはならない。国君の是とするところは必ずこれを是とし、国君の非とするところは必ずこれを非としなければならぬ。汝の不善なる言を去って国君の善言を学び、汝の不善なる行為を去って国君の善行を学ばねばならない」と訓示する。国君はもとより一国の賢者である。一国の人をあげて国君を模範とすれば、国が治まらぬということはあり得ないのである。

国君が国を治めるのは、いかなる方法によるのであるか。それはその国の人々の意見を同一化することによる以外にはない。かようにしてこそ国は始めて治まるのである。かくて国君の指導によって一国が治まると、国君は一国の万民をひきいて、天子に帰一する。そのさい国君は、「およそ国の万民は、かみ天子に帰一し、下に党するようなことがあってはならない。天子の是とするところは必ずこれを是とし、天子の非とするところは必ずこれを非としなければならない。汝の不善なる言を去って天子の善言を学び、汝の不善なる行為を去って天子の善行を学ばねばならない」と訓示する。天子はもとより天下の仁人である。天下の万民をあげて天子を模範とすれば、天下が治まらぬということはあり得ないのである。

天子が天下を治めるのは、いかなる方法によるのであるか。それは天下の人々の意見を同一化する以外にはない。かくしてこそ天下は始めて治まるのである。

かように天子に帰一することが成功しても、もし天に帰一し同化することがなければ、なお天の災害の下ることは避けられない。たとえば寒暑の気候の不順や、雪霜雨露がその時期を失い、五穀が熟せず、六畜が成育せず、悪疾や疫病、暴風や長雨などがしきりに至るのは、すべて天の降す罰である。これらは天意に上同しない人間を罰するものにほかならない。

この故に上古の聖王は、天神の好み欲するところを明らかに知り、天神の憎むところを避け、天下の利を興し、天下の害を除去することに努めたのである。このために天下の万民をひきいて斎戒沐浴し、清らかな酒醴粢盛《しゅれいしせい》(6)をつくり、天神を祭祀した。その神を祭る場合には、必ず酒醴粢盛を清潔にし、犠牲は必ず肥えふとったものを用い、珪璧《たま》や幣帛《みてぐら》は必ず法度にかなったものを用いた。また春秋の祭祀は必ずその時期にたがうことなく、訴訟を裁く場合は必ず中正を失わず、財物を分配するには必ず均等にし、平常の生活においても怠慢に陥ることがなかった。

上古の聖王は、右のような君主としての態度を保った。このため上にある天神は、聖王が君主であることを深くよろこび、下にある万民は聖王が君主であることを幸いとした。天神の深いよろこびを得た者が、努力してその任務に従うならば、天神の福を得るのは当然であり、万民の幸いとするところの者が、その任務にいそしむならば、万民の親しみを得ることは当然であろう。その政治の態度がこのようであったから、事を謀れば必ず成り、事をあげれば成功し、城に入って守れば固く、出でて誅すれば勝つのが常であった。これはいかなる理由によるのであろうか。ほかでもなく、尚同、つまり上に同ずるということを政治の方針としたからである。上古の聖王の政治は、以上のようなものであった。

ところが、いま天下の人々は「方今の時において、天下には昔どおりに君主が存在しているにもかかわらず、しかも天下が乱れるのはいかなる理由によるのであるか」という。

これに対して、子墨子は次のように言われた。

方今の時において君主を立てているのは、昔の精神とは異なっている。現在の政治のやり方は、あたかも有苗《ゆうびょう》が五刑でおどして治めようとしたのに似ている(7)。むかし聖王は五刑を制定することによって天下を治めたが、有苗が五刑を定めるに及んでは、かえって天下を乱した。これは刑罰そのものが悪かったためではなく、刑罰の用い方が悪かったためである。この故に、先王の書である呂刑にも、「苗民は善道を用いずして、定むるに刑をもってす。これ五殺の刑を作りて、法と名づけたり」といっている(8)。この言葉は、善く刑罰を用いるものは民を治めることができるが、刑罰を悪用するものは五殺をなして民を苦しめることを述べたものである。してみれば刑そのものが不善なのではなくて、刑の用い方が不善なのであり、その故にこそ五殺をなしたのである。だから先王の書である術令にも「これ人の口は、よしみを出だすこともあり、戦いを出だすこともあり」とある(9)。この言葉は、善く口を働かすものは和好を生みだし、悪しく口を働かすものは人を陥れて害し、あるいは戦争を起すことを述べたものである。

かようにして、そのむかし君主を置いたのは民を治めるためであって、それはたとえば糸の束にそれをしめくくる紀があり、綱にそれをすべる綱があるようなものである。まさにこれによって天下の暴悪なるものを繋ぎ引きよせ、正しい道に帰一させようとするものにほかならない。だから先王の書である拒年にも「それ国を建て都を設け、后王君公を置くは、これによりて彼らを泰《おご》らしめんとするにはあらず。また卿大夫・師長の位を設くるは、これによりて彼らを佚《たの》しませんとするにはあらず。これ秩序を立つることにより、彼らをして天に代りて均《やす》らぎをもたらしめんがためなり」とある[10]。この言葉は、むかし上帝鬼神が国都を建設し、君主を立てたのは、いたずらに彼らの爵を高くし禄を厚くすることによって、彼らに富貴と享楽をもたらそうとするのではなく、まさに万民に利益をもたらし、その害を除き、貧しきものを富ませ、少ないものを多くし、危きものを安んじさせ、乱れるものを治めるためであることを述べたものである。上古の聖王の政治は、このようなものであった。

ところが今の王公大人の政治は、これと反対である。かれらは父兄などの一族や、縁故者やお気に入りの者どもを側近の臣に任じ、あるいは君長の地位に置いている。民は、上の人が君長を置くのは、民を治めるためでないことを知っているから、相互にかばいあって実情を隠し、上の君長に同化しようとはしない。このために上下の意見が一致しないのである。かように上下の意見が一致しなければ、賞誉も善を勧める力がなく、刑罰も暴悪を止めるだけの効果がない。

なぜ、そのようになるか。それは上にある者が、ただその地位に立って国家の政治をしているというだけであり、民の君主となっているというだけであって、いたずらに「賞すべき者があれば、賞を与えよう」というに止まるからである。

しかし、もし上下の意見が一致していないならば、上によって賞せられるものは、下の非難の的になるだけである。人間は衆人とともに生活しているのであるから、衆人の間で非難を受けるならば、たとえ上の賞を得たとしても、格別の奨励にはならないであろう。

上にある者は、ただその地位に立って政治をしているというだけであり、民の君主となっているというだけであって、いたずらに「罰すべき者があれば、罰を与えよう」という。しかし、もし上下の意見が一致していなければ、上によって罰せられるものは、衆人の賞讃の的となるであろう。人間は衆人とともに生活しているのであるから、衆人の間で賞讃を受けるならば、たとえ上の罰を蒙ったとしても、格別のこらしめにはならないであろう。

もし位に立ち、国家に政治を行ない、民の君長となりながら、その賞誉は善行を奨励するに足らず、その刑罰は暴悪を禁止するに足らないとすれば、これは自分がさきに述べた民が始めて地上に生まれて君主がなかった時代と同じことになるのではないか。君主がなかった時代と同じであるとすれば、それは決して民衆を治め統一する道ではあり得ない。

されぱこそ上古の聖王は、上に帰一し同化する道を明らかにし、君主の制度を立てたのである。これによって上下の意志感情や考え方が相通ずるようになり、もし上に見落された事実や、気づかれていない利益がある場合には、下の者がこれを報告して上に利益をもたらすことになる。逆に、もし下に蓄積された怨みや弊害がある場合にも、直ちに報告する者があるから、上の者はこれを除去することができる。だから、たとえ数千万里の遠方であっても、もし善をなす者があれば、その家人も郷里の人々もよく知らないうちに、天子がこれを知って賞することもできるのである。あるいはまた、数千万里の遠方にあって不善をなす者があり、その家人も郷里の人々もよく知らないうちに、天子がこれを知って罰することもできる。その結果、天下の人々をあげて恐懼し、おびえふるえて、乱暴や悪事を働くものもなく、「天子の視聴は、まるで神のようだ」というのである。

しかし、これに対して先王は次のようにいう。「天子は決して神ではない。ただ、人民の耳目の力を借りて自分の視聴の助けとし、人の口の力を借りて自分の言論の助けとし、人の心の働きを借りて自分の思慮の助けとし、人の手足の働きを借りて自分の動作の助けとするだけである」と。視聴を助ける者が多ければ、君主の聞見の範囲は広くなり、言論を助ける者が多ければ、君主の恵みある言葉に喜び従うものが増すことになり、思慮を助ける者が多ければ、君主の計画も速やかに達成せられることになり、行動を助ける者が多ければ、君主の事業は早く成功する道理である。

したがって上古の聖人がさまざまな事業を成し遂げて名を後世に残したのは、特別の理由や変った事柄があったわけではない。ただ上に同ずるということを、政治の基本としたまでのことである。だから先王の書である周頌にも「はじめて来りて彼の王に見《まみ》え、ここにその章を求む」とある。これは昔の国君諸侯が春秋の二季に都に来朝し、天子の朝廷に謁見して、天子のおごそかな教命を受け、さて帰国してのち、この教えにもとづいて国を治めるようにしたから、天子の政令の及ぶところ、なびき従わないものがなかったことを述べたものである。この当時においては、天子の教えを乱そうとするようなものは全くなかった。そこで詩にも「わが馬は駱《しろ》くして、六つの手綱はぬれ光る。馳せては駆り、あまねく咨謀《ことと》わん」といい、また「わが馬は騏《はや》くして、六つの手綱は糸のごと練れぬ。馳せては駆り、あまねく咨謀《ことと》わん」と歌っている(11)。この詩は、昔の国君諸侯が善事や不善を聞見したときには、みな馬を馳せて天子に報告したことをいったものである。さてこそ賞はふさわしき賢者に与えられ、罰は悪人に与えられることになり、罪なきものを殺さず、罪あるものを見逃すことがなかったが、これも上に同化することがもたらした効果にほかならない。

この故に、子墨子は次のように言われた。

いま天下の王公大人は、まことにその国家を富まし、その民の人口を増加させ、その政治の制度を整え、その社稷《しゃしょく》の神を安んじようと欲するならば、上に同化するという主張を、よくよく検討してみなければならない。これこそ政治の根本であるからである。

兼愛篇[12]（上）

聖人は天下を治めることを、その任務とするものである。天下を治めるためには、乱が生ずる原因を知ることが必要であり、かくてこそ治めることもできるのである。もし乱の生ずる原因を知らなければ、治めることは不可能である。それはたとえば医者が人の病気を治すようなもので、病気の原因を知ってこそ、始めて治療ができるのであり、病気の原因がわからないのでは、治療もできない。乱を治めるものも同様なのであって、乱の生ずる原因を知って始めて治められるのであり、乱の原因を知らなければ治めることもできない。聖人は天下を治めることを任務とするのであるから、是非とも乱の生ずる原因を明らかにしなければならない。

それでは、乱は何から生ずるか。それは相愛しないところから起るのである。臣や子が、君や父に対して不忠不孝であることが、いわゆる乱にほかならない。子は己れを愛して父を愛しないために、父をおろそかにして自らの利を計り、弟は己れを愛して兄を愛しないために、兄をおろそかにして自らの利を計り、臣は己れを愛して君を愛しないために、君をおろそかにして自らの利を計るのである。逆に、父が子を慈《いつ》くしまず、兄が弟を慈くしまず、君が臣を慈くしまないのも、これまた世にいうところの乱である。父は己れを愛して子を愛しないから、子をおろそかにして自らの利を計り、兄は己れを愛して弟を愛しないから、弟をおろそかにして自らの利を計り、君は己れを愛して臣を愛しないから、臣をおろそかにして自らの利を計るのである。これらの事実は、どうして生ずるのであろうか。ほかでもなく、みな相互に愛しないことから起ってくるのである。

　それだけではない。世間で盗みや傷害を働くものがあるのも、同じ理由による。盗人は自分の家だけを愛して、他人の家を愛しないから、他人の家の物を盗んで自分の家の利を計ろうとする。人を傷害する者は己れの身だけを愛して他人の身を愛しないから、人の身を傷害して自分の身を利しようとするのである。これもまた、相互に愛しないことから生じたことである。

　また、大夫[13]が互いに相手の家を乱し、諸侯が相手の国を攻めあうのも、同じ理由による。大夫は各自その家を愛して他人の家を愛しないために、他人の家を乱して己れの家を利しようとする。諸侯は各自その国を愛して他国を愛しないために、他国を攻めて自国を利しようとするのである。

天下が乱れるという事実は、以上述べたところに尽きる。その事実の生ずる原因を考えてみるに、いずれも相互に愛しないということから起っている。

もし、かりに天下の人々が兼ねて相愛し、他人を愛することが、あたかも己れの身を愛すると同様であるならば、不孝の子というものはあり得るだろうか。またもし、父兄と君とに対する態度と、己れの身に対するそれとが同様であるならば、不忠不孝を働くものはなくなるであろう。たとえ無慈悲な父や君があったとしても、もしかれらがその子弟や臣下を、自分の身と同様に見るならば、無慈悲なふるまいをする余地はなくなるであろう。かくて不孝や無慈悲といった事柄は、すべてあり得ないことになるのである。

また、たとえ盗みや傷害を働こうとする者があるにしても、もし他人の家を己れの家と同様に見るようになれば、他人の家に盗みに入る者はなくなるであろうし、他人の身を己れの身と同様に見るようになれば、他人の身に傷害を加える者もなくなるであろう。

また、たとえ大夫で他人の家を乱そうとし、諸侯で他国を攻めようとする者があったとしても、他人の家を己れの家と同様に見るならば、他人の家を乱す者はないであろうし、他国を自国と同様に見るならば、他国を攻める者はないであろう。したがって大夫が互いに家を乱しあい、諸侯が国を攻めあうこともなくなる。

かように天下の人々が互いに兼愛するならば、国と国とは攻めあうことなく、家と家とは相乱すことなく、盗人や傷害をするものもなくなり、君臣父子はみな慈愛孝心をもつようになるであろう。

かようにして、聖人にして天下を治めることを任務とするものは、悪事を禁止し、愛することを奨励しなければならない。天下は互いに兼愛すれば治まるものであるし、逆に、互いに憎めば乱れるものなのである。

だから、子墨子が「人を愛することこそ、最も奨励すべきことである」といわれたのも、この故にほかならないのである。

兼愛篇（中）

子墨子は次のように言われた。

仁人の任務とするところは、つとめて天下の利となることを起し、天下の害を除去することにある。これが仁人の任務にほかならない。それでは天下の利とは何であり、天下の害とは何であるか。

子墨子は次のように言われた。

いま国と国とが互いに攻めあい、家と家とが互いに奪いあい、人と人とが傷つけあっており、君臣の間に恩恵と忠義がなく、父子の間に慈愛と孝行がなく、兄弟が互いにむつまじくないこと、これが天下の害にほかならない。

それではこの害の生ずる根本についてみるに、いったい何から生じてきたのであろうか。たがいに愛することから生じたのであろうか。

子墨子は次のように言われた。

それは、たがいに愛しあわぬところから生ずるのである。いま諸侯は自分の国を愛することだけを知り、他人の国を愛しない。そのために自分の国をあげて他人の国を攻めて、はばかるところがない。いまの一家の主人は自分の家を愛することだけを知り、他人の家を愛しない。そのため自分の家をあげて他人の家を奪うことを、はばからない。また、いまの人は自分の身を愛することだけを知り、他人の身を愛しない。そのため、その身をあげて他人の身を害することを、はばからない。かようにして諸侯が愛しあわなければ必ず野に戦い、一家の主人が愛しあわなければ必ず奪いあい、人と人とが愛しあわなければ必ず害しあうのである。もし君臣が愛しあわなければ恩恵と忠義はなくなり、父子が愛しあわなければ慈愛と孝行はなくなり、兄弟が愛しあわなければ睦じさは失われる。かくて天下の人々がすべて愛しあわなければ、強者は必ず弱者をとらえ、富者は必ず貧者を侮り、貴人は必ず賤人におごり、姦智ある者は必ず愚者を欺くであろう。

およそ天下の禍難や争奪怨恨が生ずる原因は、互いに愛しないところにある。この故に仁者は深くこれを非とするのである。もしこれを非とするならば、何をもってこれに代えればよいのであろうか。

子墨子は次のように言われた。

それには、兼ねて相愛《あい》し、交《こも》ごも相利する道をもって、これに代えるがよい。

それでは、兼ねて相愛し、交《こも》ごも相利する道というのは、いったいどうすればよいのであろうか。

子墨子は次のように言われた。

他人の国を見ることを自分の国を見るのと同じようにし、他人の家を見ることを自分の家を見るのと同じようにし、他人の身を見るのを自分の身を見るのと同じようにする。かようにして諸侯が相愛すれば野に戦うこともなく、一家の主人が相愛すれば争奪することもなく、人と人とが相愛すれば害しあうこともなくなる。君臣が互いに愛すれば恩恵と忠義が行なわれ、父子が互いに愛すれば慈愛と孝行が成りたち、兄弟が互いに愛すれば仲むつまじくなる。かくて天下の人々がすべて相愛するようになれば、強者は弱者をとらえることなく、多勢は少数をおびやかすことなく、富者は貧者を侮らず、貴人は賤人におごらず、姦智ある者も愚者を欺かなくなるであろう。およそ天下の禍難や争奪怨恨を生じさせないようにできるのは、相愛するという道があるのみである。このために仁者はこの道を賛美するのである。

しかしながら、これに対して今の天下の有識者たちは次のようにいう。なるほど兼ね愛することは結構なことである。しかし、これは天下の難事であり、現実に即しない迂遠な道であると。

子墨子は次のように言われた。

天下の士がそのように言うのは、かれらが兼愛のもたらす利と、兼愛の内容とを知らないためである。いま城を攻め野に戦い、身を殺して名を立てるといったことは、これは天下の人々がみな難事とするところである。それにもかかわらず、もし君主がこれを欲すれば、その下にある人々はこの難事を成しとげるではないか。これに比べれば、兼ねて相愛《あい》し、交《こも》ごも相利するということは、事情を異にするものがある。そもそも他人を愛する者は、他人も必ずこれに感じて愛するようになるのであり、他人を利する者は、他人も必ずこれに感じて利するようになるのである。逆に、他人を憎む者は、他人もその人を憎むようになり、他人を害する者は、他人もその人を害するようになるものである。これは当然のことであって、そこに何の困難な事情があろうか。それが困難なように見えるのは、ただ上にある者がこの道をもって政治の方針とせず、士たるものがこの道を実行しようとしないために過ぎない。

むかし晋の文公(14)は、臣下の士が粗末な服を着ることを好んだ。すると文公の臣下たちは、みな牝羊の皮の服を着用し、飾りのない韋《なめしがわ》で剣をつるし、練帛《ねりぎぬ》の冠をかむり、粗布の衣をはおり、粗悪な屨《くつ》をはいて、そのまま君主に入見し、朝廷に出仕した。このようなことができたのは何故であるか。それは君主の喜ぶところであるが故に、臣下もよくこれをなし得たのである。

また、むかし楚の霊王(15)は、臣下の士の細腰であるのを好んだ。このために霊王の臣は一日一食を限度としたので、肩で息づかいしながら、やっと帯をする始末であった。このため一年ほどの間に、朝廷には黒ずんだ顔がみちる有様となった。その理由は、いずこにあるか。君が喜ぶところは、臣下は必ずこれをよくするためである。

また、むかし越王勾践《こうせん》(16)は、臣下の士が勇敢であるのを好み、これを訓練した。あるとき人をして密かに宮殿に火を放たせ、その臣下の士を試みるために「越国の宝は尽《ことごと》くこの宮殿の内にあり」といい、越王自ら鼓をうって士に号令して進ませたところ、士はその鼓の音を聞くと、われ先にと隊列を乱して火中に飛びこみ、死する者が百人あまりにも達した。そこで越王は鐘を打って退却を命じたという。

だから子墨子も次のように言われた。

食を少なくしたり、着物を粗末にしたり、身を殺して名を成すようなことは、天下の人々がみな難しとするところである。ところが、もし君主がこれを喜ぶとなれば、誰もがこれを成しとげるのである。いわんや、兼ね相愛したり交ごも相利するということは、これと違って甚だたやすいことではないか。他人を愛する者は、他人もこれに感じて愛するようになり、他人を利する者は、他人もこれに感じて利するようになるものである。他人を憎む者は、他人もこれを憎むようになるものであり、人を害する者は、人もまたこれを害するようになるものである。してみれば兼愛交利ということには、何の困難があろうか。ただ上にある君主がこれを政治の上に実現しないために、臣下の士がこれを実行しないまでのことである。

しかし、それでもなお天下の士のうちには、「なるほどそのとおりで、兼愛というのは結構なことである。しかしながら、それは実行できないことであり、たとえば泰山をひっさげて黄河や済水を渡ろうとするようなものだ」というものがある。

そこで子墨子は次のように言われた。

この譬喩は誤っている。泰山をひっさげて黄河や済水を渡るというのは、非常な力もちにして可能なことであり、昔から今に至るまで誰もできたものはない。ところが兼愛交利ということは、これと事情が全く異なる。というのは、上古の聖王はこれを実行しているからである。いま、その事実をあげてみよう。

むかし禹王(17)が天下を治めたとき、西方では西河や渭《い》水《すい》の流れを開いて蒲弦沢《ほげんたく》の水を排泄し、北方では派水に堤防を作って召沢と祁沢《きたく》とに注がせ、嘑沱河《こだか》の流れをつくり、黄河の水を分って底柱の流れとし、両岸をうがって竜門の峡をつくり、これによって燕・

代・胡・貉《はく》や西河の民に便利をあたえた。東方では、大陸沢の水を排泄し、孟諸沢に堤防をつくり、その流れを分けて九河とし、これによって東土の水流を制禦して冀《き》州の民に便利をあたえた。南方では江・漢・淮《わい》・汝の諸川をつくり、これを東に流して五湖に注がせ、荊《けい》楚干越と南夷の民に便利をあたえた。これぞ禹が実行した兼愛交利のことであり、自分もこれを当世に行なおうとするものである。

また、むかし周の文王[18]が西土を治めていたとき、その徳はあたかも日月の如く、西方を始めとして四方に輝くありさまであった。自分の国が大国であるからとて小国を侮ることをせず、自分に従う者が多勢であるからとて身寄りのない孤独の人々を侮らず、また勢力の強大さにまかせて農民の穀物や犬豚を奪うことがなかった。されば天の神も、文王の慈愛深きを認めて、幸いをたれたといわれる。このため文王の治下では、年老いて子のないものは、その天寿を全うする道を与えられ、孤独で兄弟のないものも世間に口すぎする道が与えられ、幼くして父母を失ったものも保護養育の道が与えられた。これは文王の行なった兼愛交利の道であり、自分がこれを当世に行なおうとするものである。

また、むかし周の武王[19]は、泰山の隧道《すいどう》で祭祀を行なったことがある。古書に、その時の武王の言葉を伝えて、「泰山の神に申す。有道の曾孫なる周王は、このたび事ありしが、幸いに大事を遂ぐることを得たり。願わくは仁人の起るありて、商夏・蛮夷・醜貉《しゅうはく》を救うあらんことを。たとえ厚き親戚ありとも、仁人あるには及ぶべくもなし。もし万方の国のうちに罪人あらば、これ我一人の罪なり」とある。[20] これは武王の兼愛交利の精神を述べたものであるが、自分はこれを当世に行なおうとするものである。

この故に、子墨子は次のように言われた。

いま天下の君子にして、まことに天下を富まそうと欲し、天下を貧しくすることを憎むならば、兼愛と交利に努めなければならぬ。これこそ聖王の道であり、天下を治める道であって、力を尽くさなければならないものである。

兼愛篇（下）

・子墨子は次のように言われた。

仁人の任務というのは、つとめて天下の利を起し、天下の害を除くことにある。それでは当今の世において、天下の害のうち最大のものは何であるか。それは、大国が小国を攻めること、大家が小家を乱すこと、強者が弱者を劫《おび》やかすこと、多数が少数に横暴することと、姦智あるものが愚者を欺くこと、貴人が賤人におごることなどが、天下の害である。さらに君主たるものに恩恵の心がなく、臣下に忠心がなく、父たるものに慈愛の心がないのも、これまた天下の害である。さらには、現在の卑賤の人々が武器毒薬水火などを用いて、たがいに危害を加えあっているのも、これまた天下の害である。

それでは、これらの多くの害が生ずる原因を尋ねてみよう。これはいったいどこから生ずるのであろうか。もしこれが人を愛し人を利しようとすることから生じたと言えば、何びともこれを否定するであろう。そして必ず人を憎み人を害しようとするところから生ずる、と言うに相違ない。それでは人を憎み人を害しようとするのは、兼愛の立場にあるのか、それとも別愛の立場にあるのかと問えば、必ずそれは別愛の立場からであると答えるであろう。してみれば相互に差別するという「別」の立場こそ、天下の大害を生みだす根本なのではないか。

この故に子墨子も「別愛は非なるものである」と言われるのである。

しかし他人の立場を非とするものは、必ずこれに代えるべき立場をもつものでなければならない。もし他人を非としながら、これに代えるべき立場をもたぬとすれば、水に溺れている者に水を持ってきて救おうとするようなもので、何の役にも立たぬことになるであろう。

この故に子墨子は次のように言われた。

兼愛の立場をもって、別愛の立場に代えなければならない。それでは兼愛をもって別愛に代えねばならぬ理由は何であるか。もし他人の国のためにすることが、自国のためにするのと同じ心になれば、誰が自国の力をあげて他国を攻める者があろうか。他国のためにすることは、自国のためにするのと変りがないからである。また、他人の都のためにすることが、自分の都のためにするのと同じ心になれば、誰が自分の都の力をあげて他人の都を攻める者があろうか。他人の都のためにすることは、自分の都のためにするのと変りがないからである。また他人の家のためにすることが、自分の家のためにするのと同じ心になれば、誰が自分の家の力をあげて他人の家を乱す者があろうか。他人の家のためにすることは、自分の家のためにするのと変りがないからである。もしこのように、国や都が互いに攻撃することなく、家と家とが互いに乱し害《そこな》うことがないとすれば、これは天下の害であろうか、それとも天下の利であろうか。むろん天下の利であるというほかはない。

それでは、これらの多大な利の生ずる原因を尋ねてみよう。これはいったいどこから生ずるのであろうか。これは、人を憎み人を害することから生ずるのであろうか。むろん、そうではない。それは必ず人を愛し人を利することから生ずるのである。それでは人を愛し人を利しようとするのは、別愛の立場なのか、それとも兼愛の立場なのかと問えば、必ずそれは兼愛の立場であると答えるであろう。してみれば互いに兼ねるという立場こそ、天下の大利を生みだすものではないか。

この故に子墨子も「兼愛こそ正しきものである」と言われるのである。

その上、自分もさきに、仁人の任務は、必ず天下の利を起し、天下の害を除くことを求めることだといったが、いま兼愛の生ずる根源を求めると、それが天下の大利なるものであり、また別愛の生ずる根源を求めると、それが天下の大害であることが明らかになった。

だから子墨子が「別愛は非であり、兼愛は是である」と言われたのも、それはいま述べた理由から出ているのである。

いまもし自分が、天下の利を起し、その利を収めることを求め、兼愛の精神をもって政治を行なうならば、天下の人々はその耳目をあげて相互のため働かせ、手足をあげて相互のために動かすようになり、また道徳教養あるものは人々の教育に尽くすようになるであろう。かくて老いて妻子のない者には、その養護の道が開かれて天寿を終えることができ、幼くして孤児となった者には、保育の道が設けられて成人することが可能になる。もし兼愛をもって政治をすれば、これほどの利益があるのである。然るに天下の士が兼愛の道を聞きながら、しかもこれを非とする理由は、いずこにあるのであろうか。

それにもかかわらず、天下の士のうちで兼愛を非とする声が依然としてやまない。その言うところは、「それは結構なことではあるが、実行できないことだ」というのである。

これに対して子墨子は次のように言われた。

実行しようとしても不可能なことならば、自分もこれを非とするであろう。しかし善事でありながら実行不可能ということはあるはずがない。いまかりに兼愛の立場と、これを非とする立場とを、二人の士を例にとって説明してみよう。かりに一人の士は別愛を主張し、他の一人は兼愛を主張するものとする。別愛を主張する士は「自分は、わが友のために尽くすことをわが身と同等にすることができないし、わが友の親のために尽くすことをわが親と同等にすることができない」という。したがって友人に対する場合においても、その友人が飢えていても食を与えようとせず、凍えていても衣を与えようとせず、病気をしても看病しようとせず、死んでも葬式の面倒を見ようともしない。別愛の士の言葉や行動は、かくの如きものである。

兼愛の士の言うところはこれに異なり、行なうところもこれに異なる。兼愛の士は「自分の聞くところでは、高徳の士が天下の人々に対する場合、友人に対しては自分の身のためにするのと同様にし、友人の親に対しても自分の親に対すると同様に尽くすものである。かくてこそ天下の高徳の士たるにふさわしい」という。そして友人に対する場合においても、友人が飢えていれば食を与えるし、凍えていれば衣を与えるし、病気をすれば看病し、死ねば葬式の世話をする。兼愛の士の言葉や行動は、かくの如きものである。

この二人を例に取ってみると、その言うところは両立しないし、その行なうところは正反対である。しかし、二士がそれぞれその言葉どおりに実行し、その行為を果たし、言葉と行為とを符節を合するように一致させるならば、どのような言葉でも、実行不可能ということはあり得ないのである。

そこで問題にしたいのは、次のような場合である。いまもしここに平原や広野があり、甲冑をまとって戦いに赴こうとし、生死いずれとも期しがたい事情にあると仮定する。あるいはまた国君や大夫に命ぜられて、巴越斉荆《けい》といった遠方の地に使いしようとし、途中無事で到着できるかどうかも判らぬと仮定しよう。そこで質問したいことは、この両士がその父母を奉じ妻子をひきつれて友人に寄託する場合、これを兼愛を奉ずる友人に寄託するであろうか、それとも別愛を奉ずる友人に寄託するであろうか。自分の考えるところでは、天下のいかなる愚夫愚婦でも、あるいはたとえ兼愛を非とする者でさえも、必ずこれを兼愛主義の友人に寄託するに違いない。してみれば、口には兼愛を非としながら、人を選択する場合は兼愛を採るのであって、言行が矛盾することがわかる。天下の士が兼愛ということを聞くと、みなこれを非とするのは、甚だ不可解であるというほかはない。

それにもかかわらず、天下の士のうちで兼愛を非とする声が依然としてやまない。その言うところは「士を選択することは可能であるが、君主を選択することは不可能だ」というのである。

それでは試みに兼愛と別愛の両者を、二人の君主によって代表させ、そのうちの一君に兼愛をとらせ、他の一君に別愛をとらせてみよう。別愛をとる君主は「わが万民の身を、わが身と同様に愛するということは、自分にはできない。それは人情からいって甚だ無理なことだからである。さなくとも人が地上に生を受けるのは束の間に過ぎず、四頭立ての馬車が戸の間隙を過ぎ去るのにも似た瞬間のものであるから、そんな無理はしたくない」という。そこで、この君主の下にある万民を見ると、飢えても食を与えられず、凍えても衣を与えられず、病んでも看病するものもなく、死んでも葬るものもないといった有様である。別愛の君の言行は、かくの如きものである。

兼愛の君の言葉はこれと異なり、行動もこれに異なる。兼愛の君は「自分の聞くところでは、天下に明君たるものは必ず万民の身を先にし、その身を後にするものである」という。そして、その下にある万民を見ると、飢えるものには食が与えられ、凍えるものには衣が与えられ、病むものは看病を受け、死者は埋葬されている。兼愛の君の言行は、かくの如きものである。

このように一方は交《こも》ごも兼ねるのに対し、他方は交《こも》ごも別にする立場を採るのであって、この二人の君主の場合は、その言葉が相反するばかりでなく、その行動も全く逆である。しかし、もしこの二君がそれぞれの言葉を忠実に守り、これを実行に移して、言と行とを符節を合するように一致させるならば、どのような言葉でも、実行不可能ということはあり得ないのである。

そこで質問したいことは、もし今年に悪病が流行し、多くの民衆が辛苦し飢え凍えし、溝や谷間に多くの死骸がころがっているような場合に、この二君のうちのいずれを選び、いずれに従うであろうか、ということである。自分の考えでは、このような場合においては、どのような愚夫愚婦でも、あるいは兼愛を非とするような者でさえも、必ず兼愛の心をもつ君に附き従うであろう。してみれば口のうえでは兼愛を非としながら、君を選択する場合には兼愛を採るのであって、言行が矛盾することがわかる。天下の士が兼愛ということを聞くと、みなこれを非とするのは、甚だ不可解であるというほかはない。

それにもかかわらず、天下の士のうちで兼愛を非とする声が依然としてやまない。かれらは「なるほど兼愛は仁であり、義である。しかし、それは実行できることではない。それはたとえば泰山をひっさげて揚子江や黄河を越えようとするようなものだ。したがって兼愛ということは、ただ理想として願うだけのものであり、実行できることではない」という。

そこで子墨子は次のように言われた。

泰山をひっさげて揚子江や黄河を渡るといったことは、人類の始めより今に至るまで、誰もできた者はない。ところが兼ねて相愛《あい》し、交《こも》ごも相利するということは、昔の聖人である四王(21)が自らこれを実行しているのである。

それでは何によって四王が兼愛交利を実行したことを知り得るのであろうか。子墨子は次のように言われた。

自分は四王と同時代に生まれ、親しくその声や尊顔に接したわけではない。その事蹟が竹帛に書せられ、金石に鏤《きざ》まれ、槃盂《ばんう》に琢《ほ》られて(22)、後世の子孫に伝え遺されたものによって、これを知るのである。

泰誓に「文王は日の如く月の如く照臨し、あまねく四方と西土に光《かが》やけり」とあるが(23)、これは文王が天下を兼愛することの広大なことを述べ、あたかも日月が天下を兼《あま》ねく照して私するところがないのに譬えたものである。これがすなわち文王の兼愛にほかならない。子墨子のいわれる兼愛も、この文王に範を取ったものである。

ひとり泰誓だけではない。禹誓(24)にも同様のことが見える。禹王の言葉に「済々たる衆人よ、みな我が言を聞け。われ敢えて事を行ない乱を起すにはあらず。不遜なる苗族にむかい、天の罰を用いんとするなり。われここに汝ら群邦の諸君をひきい、以て苗族を征せんとす」とある。禹王が苗族を征伐したのは、富貴を増したり、福禄を求めたり、耳目を楽しませたりすることを目的としたものではない。それは天下の利を興し、天下の害を除くためであった。これぞ禹王の兼愛であって、子墨子のいわれる兼愛も、この禹王に範を取ったものである。

また、ひとり禹誓だけではない。湯説[25]にも同様のことが見える。湯王の言葉に「われ履《り》は、玄《くろ》き牡牛の牲もて、上天および后土の神に告ぐ。いま天の大いに旱《ひで》りするは、その罪わが身に当れり。われ履は、いまだいかなる罪を天地に得たるかを知らず。もし善あらば隠すことなく明らかにし、もし罪あらば赦すことなく罰すべく、その選択は上帝の御心にあり。もし万方の民に罪あらば、これわが一身に当てよ。もしわが一身に罪あらば、万方の民に及ぼすことなかれ」とある。この言葉は、湯王は身の貴きこと天子の位にあり、富めること天下を有しながら、しかも一身を犠牲として上帝鬼神を祭り、己が罪を告げて憚らなかったことを示すものである。これぞ湯王の兼愛であって、子墨子のいわれる兼愛も、この湯王に範を取ったものである。

また、ひとり禹誓と湯説とだけではない。周詩にも同様のことが見える。すなわち周詩[26]に「王道は蕩々《ひろびろ》として、偏せず党せず。王道は平々として、党せず偏せず。その直きこと矢の如く、その易《たい》らかなること砥《といし》の如し。これぞ君子の履み行なうところなり、小人の見習うところなり」とある。この言葉こそ、真の道を告げるものではないか。この詩にあるように、むかし文王や武王は、政治をなすに公正平等を旨とし、賢人を賞し暴悪を罰して、親戚兄弟のために身びいきをすることがなかったのである。これぞ文王・

武王の兼愛であり、子墨子のいわれる兼愛も、この文王・武王に範を取ったものである。とすれば、天下の人が兼愛を耳にすると、こぞってこれを非とするのは、甚だ不可解であるというほかはない。

それにもかかわらず、天下の士のうちで兼愛を非とする声が依然としてやまない。その言うところは、「もしそのようにすれば、自分の親の利益に忠実でなくなり、孝をなす上での障害になるのではないか」というのである。

これに対して、子墨子は次のように言われた。

いま試みに、孝子が親のために尽くそうとする本意を尋ねてみよう。いったい孝子がその親のために尽くそうとするのは、他人がその親を愛し利してくれることを望むのであろうか、それとも他人が憎み害することを望むのであろうか。孝子の心からすれば、もちろん他人がその親を愛し利してくれることを望んでいるに相違ない。もしそうならば、それに先立って、どのようなことをすれば、他人から愛し利してもらえるであろうか。もし自分の方からまず他人の親を愛利するように努めると、相手の方でもこれに答えて自分の親を愛利してくれるようになるのであろうか。それとも自分の方からまず他人の親を憎み害するようにすると、相手の方でもこれに答えて自分の親を愛利してくれるようになるのであろうか。むろん自分の方がまず他人の親を愛利するように努めてこそ、相手の方でもこれに答えて自分の親を愛利してくれるようになるのである。とすれば、孝子となるためには、愛利の行為を相互に交換することが是非とも必要なのではないか。いいかえれば、まず他人の親を愛利することに努めるのが先決問題なのではないであろうか。それとも、このように愛利の交換によって互いに孝子となるというのは、単なる偶然の結果に過ぎず、正しい拠りどころとするに足らないのであろうか[27]。

こころみに、これを先王の書にもとづけて考えてみよう。大雅にいうところによれば[28]、「言葉として讐《むく》いられざるはなく、徳として報いられざるはなし。我に投げ与うるに桃をもてすれば、これに報ゆるに李をもてせん」とある。これは、人を愛する者は必ず愛せられ、人を憎む者は必ず憎まれることを述べたものである。とすれば、天下の士が兼愛を耳にすると、一様にこれを非とするのは、いったい何故であろうか。

思うに、兼愛ということが難しくて実行できないと考えるためであろうか。もしそうならば、これよりも難しいのに、しかも実行されたという事実がある。むかし楚の霊王[29]は細腰を好んだが、そのため霊王の御世には、楚国の士は食事も一日に一回を越えないようにしたので、杖にすがって立ち上がり、垣によりそい助けられて歩く始末であった。節食は甚だ難しいことであるのに、しかもこれを実行して霊王を喜ばせている。かように一世もたたないうちに民の性を変えることができたのは、民はその上たる君主の好みに向い従うことを願うものだからである。

また、むかし越王勾践《こうせん》(30)は勇気を好み、その士臣を三年間も訓練したが、それでもなお訓練の効果に自信が持てなかった。そこで宮殿に放火して火事を起し、鼓を鳴らして消火に突進させた。すると士は争って前列に出ては倒れ、水火の中に伏して死ぬ者が数えきれぬほどであった。この時に当っては、たとえ鼓を鳴らすことをやめても、士は一向に退かぬほどの勢いを示した。越国の士といえども、最初に火を見ては恐れふるえたであろうから、身を焼くことは甚だ為しがたいことであったに相違ない。しかもこれを実行して越王を喜ばせたのである。かように一世もたたないうちに民の性を変えることができたのは、民はその上たる君主の好みに赴き従うことを願うものだからである。

さてまた、むかし晋の文公(31)は粗末な服装を好んだ。そして文公の御世にあたっては、晋国の臣は粗布の衣をはおり、牝羊の皮の衣を着用し、練帛《ねりぎぬ》の冠をかむり、粗悪な履《くつ》をはいて、そのまま文公に入見し、朝廷に出仕した。粗末な服装をするということは甚だ難しいことであるが、しかもこれを実行して文公を喜ばせているのである。かように一世もたたぬうちに民の性を変えることができたのは、民はその上たる君主の好みに赴き従うことを願うものだからである。

かように節食したり、身を焼いたり、粗服をまとったりすることは、世にも至難のわざであるはずであるのに、もしこれを実行して上の君主を喜ばせることができるとなると、一世もたたぬうちに民の性を変え、その方向に導くことが可能なのである。その理由は何か。それは彼らが上の君主の好みに従うことを願うものだからである。

ところで兼愛交利ということは、有益である上に、為しやすいことであって、その事実は一々数えきれぬほどである。しかもそれが実行されないというのは、思うに上の君主にこれを喜ぶ者がないからである。もし上にこれを喜ぶ者があり、賞与によって奨励し、刑罰によっておどすならば、恐らく人々の兼愛交利に向うことは、たとえば火が上方に登り、水が低きにつくように、防ぎ止めようとしても止められないであろう。

かようにして兼愛こそ聖王の道であり、王公大人が民を安んずる道であり、そして万民の衣食を足らしめる道である。したがって君子たるものは、兼愛の道を明らかにして、その実行に務めなければならない。かくすれば人君たるものは必ず恵み深く、人臣たるものは必ず忠心をもち、人の父たるものは必ず慈愛の心あり、人の子たるものは必ず孝心あり、人の弟たるものは必ず悌心をもつようになるであろう。

したがって、もし君子が恵君・忠臣・慈父・孝子・友兄・悌弟(32)となることを望むならば、兼愛の道を必ず実践しなければならぬ。これぞ聖王の道であり、万民の大利となるものである。

非攻篇（上）[33]

いま一人の男があって、他人の果樹園に侵入して桃や李を盗むならば、衆人はこれを聞いて非難し、上にあって政治をする者はこれを捕えて罰するであろう。その理由は何か。それは他人に損害を与えて、自分の利を計ろうとするからである。

他人の犬や雞・豚を盗む行為は、その不義の程度からいえば、果樹園に侵入して桃や李を盗むことより、一層甚だしいものがある。なぜかといえば、人に損害をかける程度が一層大きいからである。人に損害をかける程度が大きければ大きいほど、その不仁の程度もひどくなり、罪もいよいよ重くなる道理である。

さらに他人の檻《おり》や柵《さく》に侵入して馬や牛を盗むことは、その不義の程度からいえば、他人の犬や雞・豚を盗み取ることよりも一層甚だしいものがある。なぜかといえば、人に損害をかける程度が一層大きいからである。もし人に損害をかける程度が大きければ大きいほど、その不仁の程度もひどくなり、罪もいよいよ重くなる道理である。

さらに、罪もない人間を殺して、その衣類や戈剣などの武器を奪うことは、その不義の程度からいって、他人の檻や厩舎に侵入して牛馬を盗むことよりも、一層甚だしいものがある。なぜかといえば、人に損害をかける程度が一層大きいからである。もし人に損害をかける程度が大きければ大きいほど、その不仁の程度もひどくなり、罪もいよいよ重くなる道理である。

以上のような事実については、天下の君子はみなこれを非難することを知っており、これを不義であるという。ところが、いま他人の国を攻めるという大きな不義を働く者が現われると、これを非難することを知らないばかりか、かえってこれを誉めて正義であるという。これでは正義と不義との区別を知っていると言えるであろうか。

もし一人の人間を殺せば、これを不義といい、一つの死罪を犯したものとされる。もし、この道理からいえば、十人を殺した者は十の不義を重ねたことになり、十の死罪を犯したことになる。また百人を殺した者は百の不義を重ねたことになり、百の死罪を犯したことになるわけである。このような事実については、天下の君子はみなこれを非難することを知っており、これを不義であるという。ところが、いま他人の国を攻めるという大きな不義を働く者が現われても、これを非難することを知らないばかりか、かえってこれを誉めて正義であるという。まことに不義の何たるかを知らぬと言わなければならない(34)。

その故にこそ、他国を攻めることを賛美した言葉を書きつらね、これを後世に伝えているのであって、もしそれが不義であることを知っていれば、その不義の言葉を書きつらねて後世に伝える道理はないはずである。

いま、ここに人があって、少量の黒色を見ればこれを黒といい、多量の黒色を見てこれを白だといったとすれば、必ずこの人は白黒の区別のできぬ人間だとするであろう。少量の苦味をなめて苦《にが》いといい、多量の苦味をなめて甘いといえば、この人は甘苦の区別のつかぬ人間だとするであろう。

同様に、少しばかりの非を犯すと、これを非難することを知りながら、他国を攻めるという大きな非を犯した場合には、これを非難することを知らないばかりか、かえってこれを誉め、これを正義だというのは、正義と不義との区別を知るものと言えるであろうか。この故に、今の天下の君子の正義と不義との区別の仕方が、混乱していることがわかるのである。

非攻篇（中）

子墨子は次のように言われた。

いまの王公大人で国家の政治をしているものは、善を誉め悪をそしることの区別を明らかにし、賞罰を妥当ならしめ、法令の運用に過失がないことを願わないものはない。そこで子墨子は次のように言われた。

昔の言葉にも「もし思案しても判らないときには、過去の例から考えて将来を推測すればよく、目に見える事実を本にして隠れた道理を求めればよい」といっている。このような方法によって物事を考えるならば、すべてを明らかに知ることができよう。

しばらく軍隊の出動のことだけについて考えてみよう。冬の出動は寒さに妨げられ、夏の出動は暑さに妨げられるから、軍隊の出動は冬と夏とを避けなければならぬことになる。また春は民の耕作や植付けの仕事をだめにするし、秋は民の収穫をだめにすることになるから、春と秋も避けねばならぬことになる。もし一つの季節でもだめにしてしまえば、民の飢え凍えて死ぬものが無数にのぼるであろう。

さてまた軍隊の出動に必要なものを数えてみるに、弓矢や旗さしもの、陣幕、甲冑や楯などを用意して出発するのであるが、しかもそれらのもので破壊され腐朽して返らないものは無数にのぼる。またその矛戟戈剣や兵車など、列をなして出発するのであるが、砕け折れ廃物となって帰らないものも無数にのぼる。また牛馬の出発した時に肥え太っていたものが、瘠せ細って帰ったり、あるいは死んで帰らないものも莫大にのぼる。あるいは道が遠いために糧食が杜絶して補給できず、民の死亡するものもまた莫大である。あるいはまた、住み家に安んずることができず、飲食の時に定めがなく、飢と飽とが不規則なので、道中で民の病んで死ぬ者も無数にある。かくて軍の兵員を失うことが大で、数えきれぬほどである。兵員を失い尽くし、その数が莫大に達すれば、鬼神もまたこれを祭る子孫を失うのであって、この数も莫大に達することになる。

国家が命令を発して軍隊を出動させると、民の生活を奪い妨げ、民の利益を滅ぼし尽くすこと、このように甚だしいものがある。それにもかかわらず、何のためにこのようなことをするのであろうか。彼らは「われらは戦勝の名誉と、戦勝によって得る利とが欲しいために、戦争をするのだ」という。

これに対して、子墨子は次のように言われた。

戦勝がもたらすものに有用なものは一つもなく、戦勝によって得た利益を計算すると、その損失の大なるには及ばないことがわかる。いま三里四方の城、七里四方の外郭(35)をもつ国を攻めるとしよう。もし鋭兵を用いることもなく、かつ味方の兵を殺すこともなくて、まるまる手に入れることができれば、これはよいということになるかも知れない。しかしながら、味方の兵を殺すことが、多い場合は万を数え、少ない場合でも千を数えて、これによって始めて三里の城、七里の外郭の国に勝つことができるのが実情である。いま万乗の大国(36)についてみるに、その国内には千をもって数える城邑があり、いくらでも人口を収容することができる。また万をもって数える広大な土地があり、いくら開拓しても余りがある。してみれば、土地はあり余っているのに対して、士民の数が足りないというのが実情である。いま士民を尽《ことごと》く戦死させ、上下の人々の心を苦しませて、他国の土地を得ようとして争うのは、不足しているものを棄てて、あり余っているものを重んじ求めることではないか。このような政治のやりかたは、決して国家の急務に忠実であるとは言えない。

これに対して攻戦、すなわち侵略戦争に口実をつけて合理化するものは、次のようにいう。「南方の荆《けい》・呉の二王や、北方の斉・晋の二君は、その祖先が始めて天下に封ぜられたときは、その土地はいまだ方数百里を領有するに至らず、その人口も数十万に達しない程度であった。しかし、その後、攻戦をすることによって、土地の広さは方数千里、人口は数百万人の多きを数えるようになった。だから攻戦というものは行なわなければならないものである」と。

これに対して、子墨子は次のように言われた。

攻戦が四、五の国に利益をもたらすことはあるとしても、これによって攻戦が正しい道であるということはできない。それは譬えば医者が病人に薬を与えるのに似ている。いまここに医者があって祝薬(37)を調合し、ひろく天下の病人を訪れてこの薬を与え、万人の患者がこれを飲んだとしよう。この場合、たとえ四、五人を治療して効果があったとしても、なお万人に通用する薬であるとは言えないであろう。だから、このような薬は、孝子はこれをその親に服用させないであろうし、忠臣はその君に服用させないであろう。

むかし天下の各地に諸侯が封ぜられた。その遠い昔のことに関しては自分の聞くところを述べ、その近世のことに関しては、自分の親しく見たところを述べよう。これらの諸国のうち、攻戦をしたために亡びたものは数えきれぬほどある。その実例をあげてみよう。

東方に莒《きよ》という国があった(38)。その国は甚だ小さくて、しかも大国の間に挟まれていた。それなのに大国に恭順して仕えることをしなかったので、大国の方でも莒国を愛し利するはずがなかった。このため東方からは越国がその土地を削りせばめ、西方からは斉国がその土地を併呑するという結果になった。この莒国が斉越二国によって亡ぼされた原因を考えてみると、やはり攻撃のためなのである。同様にして南方の陳・蔡の二国(39)が呉・越の両国によって亡ぼされたのも、攻戦が原因である。また北方の且・不著何の国(40)が、燕・代・胡・貊《はく》の諸国によって亡ぼされたのも、やはり攻戦が原因である。

だから子墨子は次のように言われた。

もし王公大人が心から利益を欲して損失を憎み、安全を欲して危険を憎むならば、攻戦ということを強く否定しなければならない。

それにもかかわらず、攻戦に口実をつけて合理化するものは次のようにいう。「かれらは民衆を把握して働かせることができなかったために亡びたのだ。ところが、自分はわが国の民衆を把握して働かせることができる。これをもって天下に攻戦するならば、なびき服しない国があり得ようか」と。

これに対して、子墨子は次のように言われた。

あなたは自分の国の民衆を把握し働かせることができるというが、しかし昔の呉王闔《こう》閭《りよ》(41)には及ぶまい。むかし呉王闔閭は戦士を教練すること七年、これによってその戦士は甲冑をまとい、武器を手にしながら、三百里の長距離を走って始めて休むというまでになった。かくて注林の地に屯営し、冥隘《めいあい》の山に出で、柏挙の地で戦い、ついに楚国に入って、その中央に都し、宋・魯の二国を朝貢させることができた。その子の夫差(42)の世になると、北方では斉国を攻めて汶《ぶん》水のほとりに陣取り、艾陵《がいりょう》の地で戦って大いに斉国の軍を破り、これを泰山に閉じこめてしまった。また東方では越国を攻め、三江五湖を渡り、越軍を会稽山に閉じこめた。その結果、九夷の国々に至るまで、呉に朝貢帰順するようになった。

かくて軍をやめて後の呉王夫差は、戦死者の遺家族に賞を与えることなく、万民に恩恵を施すことができず、自らその力を恃み功に誇り、自らの智を自賛して、政教を怠った。はては姑蘇の台(43)を築いたが、それは七年たっても完成しないほど大規模なものであった。このような有様であったので、呉の人心は王室から離散するようになった。越王勾践は呉の君臣上下が和を欠いているのを見て、その士衆を糾合して復讐をはかり、ついに呉の北郭に攻めこんだ。かくて呉王の大舟を奪って本国の越に移し(44)、王宮を包囲した。このため呉国はついに亡んだ。

また昔、晋に六将軍があったが(45)、そのうち智伯(46)が最強の勢力をもっていた。かれは自己の土地が広大で人口が多いところから、独立の一国を立てて他の諸侯に対抗し、英名を馳せようと欲した。このため、ひたすら攻戦を急ぎ、その部下の精鋭の士をよりすぐり、水陸舟車の兵士を配備した。まず同僚の中行氏を攻めてこれを併呑し、これで自分の謀計の成功に見通しがつくようになった。そこで、さらに范氏を攻めてこれを大破し、三家を併合して一家とすることに成功したが、それだけに止めず、進んで趙襄子を晋陽の地に取り囲んだ。[47] ここまで来ると、韓氏と魏氏も不安になり、二人が相談して「昔の諺にも、唇ほろぶれば歯寒し、[48] ということがある。もし趙氏が朝に亡べば、われわれも夕べにはその後を追うであろうし、もし趙氏が夕べに亡べば、われわれも朝にその後を追うことになろう。詩にも、魚の水に務めざれば、陸はた何ぞ及ばんや、[49] とあるではないか」といい、そこで韓・魏・趙の三人の君が一心となって力を合せ、城門を開き、道路を整備し、武器を押したて軍を出動させた。韓魏の軍は外側から、趙氏の軍は内側から、ともに智伯を撃ってこれを大破した。

この故に子墨子は次のように言われた。昔の諺にも、「君子は水に鏡せずして、人に鏡す。水に鏡すれば面《かお》の容《かたち》を見、人に鏡すれば吉と凶とを知る」といっている。[50] もし攻戦が利益をもたらすものというならば、これを智伯の例を鏡として見るがよい。それがいかに不吉にして凶なるものであるか、十分に納得がゆくであろう。

非攻篇（下）[51]

子墨子は次のように言われた。

いま天下の人々が誉めて義《よし》とするものは[52]、いったいどのような事柄をさしているのであろうか。上は天の利にかない、中は鬼の利にかない、下は人の利にかなうような事柄をさして、これを誉めているのであろうか。それとも逆に、上は天の利にかなわず、中は鬼の利にかなわず、下は人の利にかなわないような事柄をさして、これを誉めているのであろうか。むろん、いかに愚かな人間でも、それはやはり上は天の利にかない、中は鬼の利にかない、下は人の利にかなうが故に、これを誉めるのだと答えるであろう。

いま天下の人々が、ひとしく義として認めるところのものは、聖王の法である。ところが今の天下の諸侯の多くは、みな他国を攻伐したり併呑したりすることに熱中しているのであって、これでは義を誉めるということは表面だけのことになり、実質を知っていないことになる。これを譬えていうならば、盲人が普通人と同じように白黒という名詞を使っていても、実際の物の白黒を分別することができないのと同様で、これでは本当に区別しているとは言えない。

この故に、昔の智者が天下のために物事を謀る場合には、必ず義に従って思慮し、そこで始めて実行に移ったのである。このようにすれば、行動に疑問が起らず、遠近の人々はその願うところがかなえられ、天帝鬼神を始め、万民の利に沿うことができる。これが智者の道である。

したがって上古の仁人が天下を支配したときには、大国は必ず互いに喜びあい、天下をあげて平和に向い、四海の内が一つに総べられた。かくて天下の万民をひきいて、厚く上帝および山川の鬼神を敬い祭った。人を利するところが多く、その功績が大であったので、天はこれを賞し、鬼はこれに富を与え、人はこれを誉めた。そして、この仁人を天子という貴い位につかせ、ひろく天下を領有させ、その名を天地にならべさせて、今に至るまでこれを廃することなく存続させている。これぞ仁者の道であり、先王が天下を領有した理由なのである。

ところが今の王公大人や、天下の諸侯はそうではない。かれらは必ずみな部下の兵士を選りすぐり、その水陸舟車の部隊をおしならべ、さらには精鋭な武器甲冑を造り、罪なき国を攻伐して、その国家の辺境に侵入する。その田畑にある作物を刈り取り、その樹木を斬りはらい、その城壁を破壊して、溝や池を埋めふさぎ、神に供えるべき家畜をかすめて殺し、その祖廟を焼きはらい、民衆を刺殺し、老弱を皆殺しにし、貴重な宝器を持ち去る。さらに進撃して、存分に戦い、「命令に従って戦死するものが第一、敵を多く殺すものがこれに次ぎ、負傷するものは下であるぞ。ましてや隊列を離れて逃げひるむものは、死刑に処して容赦せぬぞ」といって、その兵士たちをおどすのである。

かように他国を併呑し、他国の軍を全滅させ、万民を害し虐げ、これによって聖人の遺業を乱すことは、そもそも天を利することになるであろうか。天の生んだ人間を略奪し、天の所有である国を攻めるということは、天民を刺殺し、神々の位を奪い去り、社稷(53)を転覆させ、その犠牲を盗み殺すことにほかならぬ。このような行為は、これを上にしては、天の利にかなわぬのは無論のことである。それでは鬼のために利となることであろうか。生人を殺して、鬼神を祭るべき主人を滅ぼし、先王の遺制を廃滅させ、万民を害い《そこな》虐げ、民衆を離散させるようなことは、これを中にしては(54)、鬼の利にかなわぬところである。それでは人のために利となることであろうか。人を殺すということは、人にとって重大な不利をもたらすことである(55)。また戦争に要する費用を計算してみても、生活の資を害うものであり、天下万民の財用を消費すること誠に莫大なものがある。してみれば、これを下にしては、人の利にかなわぬものというほかはない。

いったい戦争というものは、相互に不利をもたらすものなのである。かれらは「将軍が勇敢でなく、兵卒の士気が振わず、武器が鋭利でなく、教練が十分でなく、兵数が多くなく、兵卒が相和せず、敵を威圧する強力さがなく、敵を囲んでも持久力がなく、敵と争うのに敏捷さがなく、敵を拘束するだけの力がなく、心構えに堅固さがない、といった条件があると、同盟国の諸侯も信用してくれない。同盟国の諸侯の信用を失うことがあれば、敵国はさまざまな謀略をめぐらすであろうから、その対策だけに疲れ果てる羽目に陥る」という。もし、ここに述べたような諸条件をあまねく備えようとして、その実現に努力するようなことをすると、国家はその統率の力を失うであろうし、民衆はその本務である農業をおろそかにするようになるであろう。

いま攻伐をよしとし好む国について見よう。かりに中程度の規模の動員を行なうものとして、もし将官級のものが数百人あるとすれば、下士官級のものは必ず数千人、兵卒に至っては十万の多きを数え、これによって始めて軍隊を出動させることができる。その期間も、久しいものは数年、早いものでも数月を要するのであるから、君主は政治に専心するゆとりがなく、士は官府の事務を治めることができず、農夫は耕作するいとまがなく、婦人は紡績織布に従う余裕がない。したがって国家はその統率の力を失い、民衆はその本務をおろそかにすることになるのである。

その上、車馬の疲弊するのを始めとして、幔幕や帷蓋《とばり》、三軍の用いる道具類、兵器の類など、その五分の一でも残れば、まだよい方としなければならぬ。さらには道中において戦死したり行方不明になるもの、あるいは道路が遼遠であるために糧食が続かず、飲食に事欠くことが多く、このため雑役に服する者で飢えや寒さのため餓えたり凍えたりして病いにかかり、溝や谷にころがり死ぬものが、量り知れぬほどである。これらはすべて戦争が人に不利をもたらす例である。かように戦争が天下の大きな害であるにもかかわらず、王公大人はこれを楽しんで行なうのであるが、これは天下の万民を殺害して滅ぼすことを楽しむものであり、不条理も甚だしいものではないか。

ところで、いま天下で好戦の国といえば、斉晉楚越であるが、もしこの四国が天下に志を得て支配したと仮定しよう。実は、この四国のそれぞれは、たとえ現在の人口を十倍にしても、なお自国の土地を開墾し耕作しきれない状態にあるのである。それというのも人口が少なくて、土地が余っているからである。それにもかかわらず、今また土地を得ようとして争い、互いに殺害しあうのは、さなくとも足りない人口を一層減らし、余りある土地を一層余らせることではないか。

さらに攻伐を好む君主は、自分の説を合理化しようとして、子墨子を論難し、「あなたは攻伐を不義であるとし、人々を利するものではないと言われるのか。もしそれならば、むかし禹王は有苗(56)を征し、殷の湯王は夏の桀王を伐ち、周の武王は殷の紂王を伐ったにもかかわらず、みな天子の位に即いて聖王となったのは、いったいどうしたわけであろうか」という。

これに対して、子墨子は次のように言われた。

あなたは、私の言葉の概念内容を理解していないし、また私の言葉の出てくる根拠を知っていない(57)。あなたのいう「攻」というのは、実は「誅」のことなのである。

むかし三苗(58)が大乱を起したとき、太陽が夜になって空に昇り、血の雨が三日続いて朝にふり、竜が廟の中より現われ、犬が市場で吠えたて、夏に氷が張り、地が裂けて地下の泉までに達し、五穀にも時ならぬ変化が現われたので、人々は大いに恐れおののいた。そこで天帝は玄宮において禹に命令を下した。禹は天のめでたき命令を拝受し、三苗を征伐することになった。このとき四方に雷電がとどろきわたり、人面鳥身の神があらわれ、三苗の将師をしめ殺した(59)。かくて苗族の軍は大いに乱れ、その後ついに衰微してしまった。

また夏の桀王の世にあたり、天帝は厳しい命令を下して、日月の運行が時ならず、寒暑が入り乱れてあらわれ、五穀もひからびて枯死した。鬼は国都のうちに叫び声をあげ、鶴は十余夕にわたって鳴きつづけた。そこで天帝は鑣宮《ひょう》において殷の湯王に命令を下し、夏に代って天下を治める大命を授け、「夏の徳は大いに乱れ、われすでにその天命を終えたり。汝往きてこれを誅せよ。必ず汝をして勝たしめん」と告げた。そこで湯王はつつしんでその衆をひきい、夏国の境に向った。天帝はその神威によって夏の都城を破壊した[60]。しばらくして、ひとりの神が湯王のもとにあらわれ、「夏の徳は大いに乱れたり。往きてこれを攻めよ。われ汝をして大いにこれに勝たしめん。われすでに天帝より命を受けたり。天帝は、祝融[61]に命じて、夏の国の城の西北隅に火を降さしめたり」と告げた。そこで湯王は、もと桀王の下にあった民衆をひきつれ、ついに夏国にうち勝つことができた。かくて諸侯を薄[62]の地に集合させ、自分が新たに天命を受けて天子となるべきことを宣明し、四方に通達させたところ、天下の諸侯みなこれに従い服しないものはなかった。以上が、湯王が桀を誅した事の次第である。

さてまた殷の紂王の世となり、天はかれの徳にあきたらず、紂王もまた祭祀を守ることなく、長夜の宴を張るありさまであった[63]。すると都の薄に十日間にわたって土塊が天より降り、ひとりでに九鼎が動きだし、夜になると女の妖怪があらわれ、また鬼が悲しげに声をあげ、女が化して男となるものがあり、天から肉がふり、都の大路に棘《いばら》が生えるといった異変が続いたが、紂王はいよいよ放縦をきわめるばかりであった。すると赤鳥が珪《たま》をくわえて、周の岐社[64]におりたち、「天は周の文王に命じて殷を伐たしめ、その国を領有せしめん」と告げた。その上、泰顛《たいてん》(65)という賢人が周国に来たり仕え、あるいは黄河から緑図があらわれ、大地からは乗黄があらわれるなど、吉兆がつづいた。さて、いよいよ周の武王が即位しようとするときになり、夢の中に三神があらわれ、「われすでに殷の紂王をば酒乱のうちに沈めたり。往いてこれを攻めよ。われ必ず汝をして大いにこれに勝たしめん」と告げた。そこで武王は進んで紂王を攻め、殷の天下を周の支配下におくことになった。天はその印しとして、黄鳥の旗をあたえた。かくて武王は殷にうち勝ち、天帝より受けた使命を成就した。神々をそれぞれに分かち祭り、紂王の先祖の霊の祭祀を行ない、あらたに天命を受けたことを四方の蛮夷の地に至るまで通告したところ、天下みな従い服しないものはなく、ここに殷の湯王が遺した事業をつぐことになった。以上が、周の武王が殷の紂王を誅した事の次第である。

もしこの三聖王についてみるならば、その行なったところのものは、いわゆる攻ではなくて、誅であったのである。

しかしなお、攻伐を好む君主は、自分の説を合理化しようとして、子墨子を論難し、「あなたは攻伐を不義であるとし、人々を利するものではないと言われるのか。むかし楚の熊麗(66)は始めて雎《しょ》山の地方に封ぜられ、越王の緊虧《きんき》(67)は有遽の地から出て始めて越に国を建て、唐叔と呂尚(68)はそれぞれ晉と斉とに国を建てた。この諸国は、その始めはわずかに数百里四方の小国に過ぎなかったが、他国を併呑することにより、天下を四分して領有するまでになっている。これは一体どうしたわけであろうか」という。

これに対して、子墨子は次のように言われた。

あなたは、私の言葉の概念内容を理解していないし、また私の言葉の出てくる根拠を知っていない。その昔、天子が始めて諸侯を封じたとき、一万以上もの国があった。ところがその後、国々の併呑が行なわれたために、その一万以上の国はみな滅び、今では四国だけが残ることになった。これを医者に譬えていえば、一万余人に薬を与えて、四人だけが治療したようなもので、決して良医であるとはいえない。

しかしなお、攻伐を好む君主は、自分の説を合理化しようとして、「自分は黄金宝玉や、子女や土地が足らぬと思っているわけではなく、ただ正義をもって天下に名を立て、徳をもって諸侯をなつけ来たそうと思うだけである」という。

これに対して、子墨子は次のように言われた。

いまもし正義をもって天下に名を立て、徳をもって諸侯をなつけ来たすことができる者があれば、その人は立ちどころに天下を従えることができよう。いま天下の人々は攻伐の間にあること久しいが、それはあたかも童子が馬ごと遊びをしているようなもので、苦労ばかりが多くて報いられるところがない。いまもし、よく信義をもって交わり、自ら先立って天下の諸侯のために利を謀るものがあって、大国の不義をなすものがあれば小国に味方して憂いを共にし、大国が小国を攻める場合には力を合せてこれを救い、小国の城が不完全なときは必ず助力して修理させ、衣類食糧が乏しいときは補給にあたり、幣帛の財用[69]が不足しているときはこれを提供するというふうにしたとしよう。このような態度で小国に交わるならば[70]、小国の君主は必ず喜ぶであろう。他国が攻伐に疲れているのに対し、わが国は攻伐をすることなく安楽であるから、その軍隊も強くなる道理である。政治が寛大で恵み深く、ゆるやかにすることを旨とし急迫を避けるならば、民は必ず慕い帰服するであろう。攻伐する代りに、自国を治めることに努力するならば、その功は必ず倍加するであろう。また、わが国の軍事費を計って適宜におさえ、疲弊した諸侯と争うならば、必ず勝利を得るであろう。人々に臨むに正しきをもってし、正義をもって名を立てるように心がけ、つとめてわが民衆を寛大にあつかい、わが軍隊を信頼するようにし、このような態度をもって諸侯の軍を援助するならば、天下無敵となるであろう。そしてまた天下を利することも、量り知れないものがあるはずである。このように天下の利であるにもかかわらず、王公大人はこれを知って用いようとはしない。これこそ天下を利するという大きな義務を知らないものと言わなければならぬ。

この故に、子墨子は次のように言われた。

いま天下の王公大人や士君子は、もし心から天下の利を興し、天下の害を除くことを願うならば、しきりに攻伐するということが、まことに天下の大害であることを知らねばならぬ。いまもし仁義をなすことを願い、優れた士となることを求め、上は聖王の道にかない、下は国家人民の利にかなうことを欲するならば、非攻の説というものを、よくよく検討してみなければならない。

節用篇(71)

もし聖人が一国において政治をなしたとすれば、その一国の富を倍増することができる。これを大にして天下の政治をなしたとすれば、天下の富を倍増することができよう。その富を倍増するというのは、外に向って他人の土地を取るということではない。その国家の事情にしたがって、その無駄な費用を省けば、その富を倍増することができるのである。聖王が政治をするにあたり、政令を発したり、事業を興したり、民を使役したり、財貨を用いたりする場合は、いつでもそれが実利実益を増すものだけを実施するようにする。したがって財貨を用いても無駄に費やすことがなく、民の労力を無益に煩わすこともなくて、利益をもたらすことが大きいのである。

いったい衣類は何のために作るか。それは冬は寒さを防ぎ、夏は暑さを防ぐためである。したがって、およそ衣類を造る道としては、冬は温かさを増し、夏は涼しさを増すものであればよいのであって、美しいばかりで実用を増さないものは、棄てて用いない。

また家屋を造る目的は何かといえば、冬は風や寒さを防ぎ、夏は暑さや雨を防ぐためであり、また盗賊を防ぐだけの堅固さを増すものであればよいのであって、美しいばかりで実用を増さないものは棄てて省みない。

また甲《かぶと》や盾《たて》、五種の兵器[72]を作る目的は何かといえば、戦乱や強盗殺人を防ぐためである。もし戦乱や強盗殺人が生じた場合、甲盾五兵を持つものは勝ち、持たぬものは勝つことができない。だから聖人も甲盾五兵を作るのである。ただ甲盾五兵を造る場合は、軽くて鋭利さを増し、堅くて折れないという性質を増すようなものであればよいのであって、美しいばかりで実用を増さないものは棄てて省みないのである。また舟や車を造る目的は何かといえば、車は陸を行き、舟は川や谷を渡り、四方の交通の便利をはかるためである。したがって舟車を造る道においては、軽くて速さを増すものであればよいのであって、美しいばかりで実用に益のないものは、棄てて省みないのである。

およそこれらの物を造る場合には、実用に益のあるものばかりに限るのである。このようにすれば財貨を用いても無駄に費やすことがなく、利益をもたらすことが大きいのである。

ところで、大人が好んで集める珠玉・鳥獣・犬馬などの愛玩物を捨て去って、そのかわりに衣裳・家屋・甲盾五兵・舟車の数を増せば、その類を二倍することができるであろうか。このようなことは決して難しいことではない。それでは何が倍増させるのに難しいのであろうか。ただ人口を倍増させることが難しいのである。[73]

しかし、その人口を倍増させるということも、決して不可能なことではない。むかし聖王は法を定めて「男が二十歳に達すれば家庭を持たねばならぬ。女が十五歳に達すれば夫に仕えなければならぬ」とされたが、[74]これが聖王の法なのである。ところが聖王が没してより後は、民は自分の思いどおりの勝手をするようになった。その早く家を持ちたいと思うものは、二十歳で家をもつものもあり、おそく家を持ちたいと思うものは、四十歳で家を持つものもある。その早婚のものと晩婚のものとを平均してみると、聖王の法より十年おくれている。もし、みな三年で一子を生むものとすれば、十年間には二、三人の子を生んでいることになる。してみれば、もし聖王の法によるならば、単に民に早く家庭を持たせるばかりではなくて、その人口を倍増させることになるではないか。

それだけではない。いまの天下の為政者は、人口を減少させるような政策を取っていることが多い。民を使役して労苦させ、租税の取り立てが多く、そのため民の財用が足らず、凍えたり飢えたりして死ぬものが数えきれぬほどである。その上、王公大人はひたすら戦争を起すことに専念し、隣国を攻伐する。このため久しいものは一年中にわたり、早いものでも数月にわたって、男女が久しく顔を合わすことがない。これが人口を少なくする原因である。

かようにして、日常生活が不安定で、飲食に定まった時がなく、病気を起して死ぬ者と、侵就𠊱槖(75)し、攻城野戦して死ぬ者とが、数えきれぬありさまである。してみれば今の為政者が人口を少なくしている原因は、意識的な政策から出ているのではなかろうか。聖人が政治をする場合に、このような事実が見られない。聖人の政治で、その人口を多くする原因となっているものは、やはりその意識的な政策から出ているのではなかろうか。

だから子墨子も次のように言われた。

無用の費を去るということは、聖王の道であり、天下に大利をもたらすものである。

節葬篇(76)

子墨子は次のように言われた。

仁者が天下のために尽くすのは、これを譬えていえば孝子が親のために尽くすのと異なるところがない。いま孝子が親のために尽くすとすれば、どのようなことをするであろうか。親が貧しければ、これを富ませるように努力し、一族郎党の数が少なければ、これを多くするように努力し、家人の間が乱れている場合には、これを治めるように努力するであろう。しかも、このような際にあたっては、力のあるかぎり、財力の続くかぎり、智力のあるかぎりを尽くして、しかも不可能な場合にのみ、始めてその努力をやめるのである。いやしくも余力があるのに出し惜みをしたり、よい考えがあるのに隠したり、財利があるのに残しておいたりして、親のために尽くさないようなことはしない。この三つの務めは、孝子が親のために尽くすところのものであるが、それは誠に至れり尽くせりのものである。

ところで、仁者が天下のために尽くすのも、これと同様なものがある。天下が貧しければ、これを富ませるように努力し、人民の数が少なければ、これを多くするように努力し、人々の間が乱れたならば、これを治めるように努力する。しかもその際には、力のあるかぎり、財力の続くかぎり、智力のあるかぎりを尽くして、しかも不可能な場合にのみ、始めてその努力をやめるのである。いやしくも余力があるのに出し惜みをしたり、財利があるのに残しておいたりして、天下のために尽くさないようなことはしない。この三つの務めは、仁者が天下のために尽くすところのものであるが、それは誠に至れり尽くせりのものである。

ところが今、むかしの夏殷周三代の聖王はすでに没してしまい、天下はその正しい道を失ってしまった。後世の君子たちのうちには、葬礼を厚くし、服喪を久しくすることが仁であり、義であり、孝子の義務であるとする者があり、他方では、葬礼を厚くし服喪を久しくするのは、仁義ではなく、孝子のなすべきことではないとする者がある。

そこで、この対立する両者についてみると、その言うところは互いに相手を非難し、その行なうところは相反している。ところが両者ともに「自分は昔の堯舜禹湯文武の聖王の道を祖述するものである」という。それにもかかわらず、その言うところは互いに相手を非難しあい、その行なうところは相反するという始末である。このため後世の君子は、この両者の主張に疑惑の念を抱くのである。

もしこの両者の主張に疑惑の念を抱くとすれば、しばらく転じて国家万民に対する政治という観点から眺めてみよう。つまり厚葬久喪ということが、次に述べるような三つの利に当るかどうかということである。というのは、もし論者の言い分や謀りごとに従って、誠に厚葬久喪ということが、貧しいものを富ませ、少ない人口を多くし、危険を除き戦乱を治めるという、三つの利をもたらしたとすれば、これは仁であり義であり、孝子のなすべきことであるということになろう。そして他人の国の政治の相談にあずかる者はこれをすすめ、仁者たるものは、これを天下に行なわせ、これを制度に定めて人々に推奨し、いつまでも廃止してはならぬ、ということになるであろう。

しかし反対に、もし論者の言い分や謀りごとに従って、厚葬久喪ということが、貧しいものを富ませることができず、少ない人口を多くすることもできず、危険を除き戦乱を治めることもできないことがわかれば、これは仁でもなければ義でもなく、孝子のなすべきことでもない、ということになるであろう。したがって他人の国の政治の相談にあずかる者は、これを阻止しなければならないし、仁者たるものはこれを天下に行なわせないように努力し、人々にその非であることを認識させ、生涯これをなさしめないようにしなければならぬ。なぜならば、天下の利を興し、天下の害を除くことが、国家人民を安んぜしめないということは、昔から今に至るまで、かつてあったためしがないからである。

それでは、なぜこのことが判るか。いま天下の士君子のうちには、厚葬久喪が是非のいずれに相当するか、利害のいずれに相当するか、疑惑するものがなお多いからである。だから子墨子も次のように言われた。

それでは、しばらくこのことについて考えてみよう。いま、もっぱら厚葬久喪を主張する者の言を聞いてみると、かれらは「国家の行事に関係のあるもの、いいかえれば王公大人の喪あるものについていえば、棺槨《かんかく》(77)は必ず重いものを用い、埋める土は必ず厚くし、死体にきせる衣類は必ず多くし、棺の飾りや帷幕などは必ず模様や刺繍を多くし、墓の丘陵は必ず巨大にしなければならぬ。また平民賤人が死んだ場合には、その家の財産を殆んど出しつくすほどにしなければならぬ。諸侯が死んだ場合には、府庫の貯蓄をすべて出しつくし、これによって金玉珠璣《しゅき》(78)の宝物を死者の身にあまねくまとわせ、綸組《うちひも》をもって結びたばね、車馬を墓穴のうちに埋める。その上、必ず多くの帷幕・鼎鼓・机・むしろ・壺濫(79)・戈剣・羽の飾りある旗印・象牙犀革の類をしつらえ、これらを死人と共に土に埋める」という。そして死者を送ることが、あたかも他国へ移住するような様子であり、「天子諸侯が人を殺して殉死者とするものは、多い場合は数百人、少ないものでも数十人あり、将軍や大夫が人を殺して殉死者とするものは、多い場合は数十人、少ない場合でも数人である」(80)という。

それでは、喪に服する法は、どのようにするのであろうか。かれらは「死者を悲しんで哭泣する声は時を選ぶことなく、縗絰《もふく》をつけ、涙をたれ、忌中小屋にすみ、苫《とま》をしとねとし、土塊を枕とし、互いに牽制して無理に断食して飢え、衣類を薄くして寒いようにし、顔かたちはやせ衰え、顔色は黒ずみ、耳目は働かず、手足はなえて使えないありさまとなる」という。また言うところによると、「上流の人士が喪に服すると、必ず人に助けられて始めて立ち上がることができ、杖をついて始めて歩けるような状態になる。そして、このような状態で服喪の三年間を過ごすのである」という。

もし、この言葉のとおりにし、このようなやり方に従うならば、王公大人の場合は、早く朝廷に出て訴訟を聴き、政務を治めることができないであろうし、士大夫の場合は、五官六府を治め(81)、草木の地を開いて耕作地とし、倉庫を充実させることはできない。また農夫がこのようなことを行なえば、早朝から日没まで耕作したり植付けしたりすることができないし、工人がこれを行なえば、舟や車を造ったり、食器類をこしらえたりすることができず、婦人がこれを行なえば、朝早くから夜おそくまで糸を紡ぎ布を織る仕事をすることができなくなるであろう。

かように久喪のもたらす結果を考えてみると、それは久しきにわたって仕事に従うことを禁止するものである。すでに財を成しているものは、これを死者のために地下に埋めてしまい、また死者の子孫が財を成す道を、久しきにわたって禁止することになる。これをもって富を求めるのは、あたかも耕作することを禁じて収穫を求めるようなもので、富への道はどこにも見あたらない。したがって、これにより国家を富ますということは、全く不可能である。

それでは人民を多くすることは、果して可能であろうか。これもまた不可能である。かりに、もっぱら厚葬久喪を主張する者に従って政治をするとしよう。君子が死ぬと服喪すること三年、父母に対しても服喪三年、妻および嫡長子の死んだ場合にも服喪三年で、この五者はいずれも服喪三年である。さらに伯父・叔父・兄弟・嗣子以外の子に対しては一年の喪、母や妻の親族に対しては五カ月の喪、姑姉・甥・舅に対しては、(82)それぞれに応じた月数の喪がある。この服喪する間は、身体をやつれ衰えさせることが必要であり、これに関する規定がある。すなわち顔かたちはやせ衰え、顔色は黒ずみ、耳目は働かず、手足はなえて使えないありさまとなる。また上流の人士が喪に服する場合は、必ず人に助けられて始めて立ち上がることができ、杖をついて始めて歩けるような状態になる。そして、このような状態で三年間を過ごすのであるという。もし、この言葉のとおりにし、このやり方に従うならば、その飢餓貧窮することは言うまでもない。だから庶民は、冬は寒さにたえず、夏は暑さにたえず、病いにかかって死ぬ者が数えきれぬありさまである。かように久喪の道は、男女の交わりを妨げることが多いのであるから、これによって人口を多くしようと願うのは、たとえば人を剣の上に伏せさせて、しかもその長寿を願うようなもので、人口を多くする可能性は見あたらない。したがって、これによって人口を多くするということは、全く不可能である。

それでは、法律による治安の維持をはかることは可能であろうか。これもまた不可能である。いまもし、もっぱら厚葬久喪を主張する者に従って政治をするとしよう。国家は必ず貧しく、人民は必ず少なくなり、治安は必ず乱れるであろう。もしその言葉どおりにし、そのやり方に従って、上にある者がこれを実行すれば、政務を裁断することができなくなるであろうし、下の者がこれを実行すれば、その仕事をすることができなくなるであろう。上にある者が政務の裁断をしなければ、治安は必ず乱れ、下の者が仕事に従わなければ、衣食の財は必ず不足する。もし衣食の財が不足するようになれば、人の弟たる者は、その兄に向って何を求めても得られないから、兄に対して不従順になり、兄に対して怨みを抱くようになる。人の子たる者は、その親に向って何を求めても得られないから、親に対して不孝の子となり、その親に怨みを抱くようになる。人臣たる者は、その君に向って何を求めても得られないから、君に対して不忠の臣となり、その上を乱そうとするようになる。このため素行の修まらぬ不良の民は、外出するにも衣類がなく、家にあっては食物がないため、心中に屈辱の念を深く抱き、一斉に悪事に走るのであるが、しかもこれを禁圧することができない。この結果、盗賊ばかりが多くて、おとなしくしている者は少ない。盗賊ばかりを多くして、おとなしくしている者を少なくしておきながら、これでもって治安を求めるのは、あたかも自分の前で人を三度回転させて、それで背中を向けるなと命令するのと同じほどの無理で、治安にみちびく可能性は見あたらない。したがって治安の維持ということも、全く不可能だということになる。

それでは、厚葬久喪によって、大国が小国を攻めることを防止することができるであろうか。これもまた不可能である。聖王が没してより、天下には正義が失われ、諸侯は武力をもって互いに征伐するようになった。南には楚や越の王があり、北には斉や晉の君があって、これらはみなその軍隊を訓練し、他国を攻伐し併吞することにより、天下を支配しようとしている。このような事情のもとにありながら、大国が小国を攻めようとしない場合についてみると、それはその小国の食糧の貯蔵が多く、城郭の備えが固く、上下相和しているからであって、そのため大国もこれを攻めることを好まないわけである。逆に、食糧の貯蔵がなく、城郭の備えが整わず、上下が相和していないような場合は、大国もこれを好んで攻めるのである。いまもし、ひたすら厚葬久喪をもって政治の方針とするならば、国家は必ず貧しくなり、人民の数は必ず少なくなり、秩序の維持も必ずできなくなるであろう。もし貧しくなれば食糧の貯蔵もなくなるし、もし人民の数が少なければ城郭や堀を整備する者も少なくなる道理であり、秩序の維持ができなくなれば、出でて戦っても勝つことができず、入って守っても固くないという結果になる。かようにして、大国が小国を攻めることを防止しようとしても、それは全く不可能なことである。

それでは、厚葬久喪によって、上帝鬼神の福を求めるのは、果して可能であろうか。これもまた不可能である。いま、ひたすら厚葬久喪の方針によって政治を行なうならば、国家は必ず貧しくなり、人民の数は必ず少なくなり、法律による秩序の維持も困難になるであろう。もし貧しくなれば、供物や神酒も清らかにすることができず、もし人民の数が少なければ、上帝鬼神を祭る者が少ないということになり、もし秩序が乱れるならば、祭祀も定められた時期を守らないということになる。これでは上帝鬼神を祭ることを禁止するにも均《ひと》しいであろう。このような政治を行なうに至っては、上帝鬼神も黙していることができず、始めて天界から取り調べに乗りだし、「自分にとって、このような君主があるのと、ないのとでは、どちらがよいであろうか」と思案し、「自分にとっては、このような君主があってもなくても同じことだ」と判断する。かくて上帝鬼神までが、これに罪咎や禍罰を下し、これを見棄てるのである。まさしく自業自得というほかはないではないか。

このため、上古の聖王は埋葬の法を定められた。これによると、棺の厚さは三寸で、死体が腐るまでの間、もてばよいことにした。また死体に着せる衣類は三枚どまりで、醜悪さを隠すことができれば十分とした。また埋葬する場合には、地下の泉まで掘ることなく、上の覆土が臭気を通さぬ程度にし、墓丘の大きさは三耕の畝、つまり三尺幅の程度にとどめる。(83) 死者を葬った後は、生者は決して久しく喪に服してはならず、すみやかに仕事に取りかからねばならない。人々がそれぞれの能力を発揮して、相互に利するというのが、すなわち聖王の法である。

ところが、いま厚葬久喪を主張する者は、「厚葬久喪は、なるほど貧しき者を富ませ、人口の少ないのを多くし、危きを安定させ、乱れたものを治めることはできないかも知れないが、しかしこれは聖王の定められた法である」という。

これに対して、子墨子は次のように言われた。

それはそうではない。むかし堯は北方において八狄を教化していたとき、その道中において死亡し、蛩《きょう》山の北に葬った。そのとき死体に着せた衣類は三枚で、穀木(84)で造った棺に入れ、これを葛のつるで結び、墓穴におろしてのち、悲哭の礼を行なった。その墓は、穴を土で満たすだけで、土盛りをせず、埋葬がすむと、すぐに牛馬がその上に乗って遊ぶありさまであった。

また舜は、西方で七戎を教化していたとき、その道中で死亡し、南己《なんき》の市に葬った。そのとき死体に着せた衣類は三枚で、穀木で造った棺に入れ、これを葛のつるで結んだ。埋葬がすむと、市の人がその上に乗って遊んだ。

また禹は、東方で九夷を教化していたとき、その道中で死亡し、会稽の山に葬った。そのとき死体に着せた衣類は三枚で、桐の木の厚さ三寸の棺に入れ、これを葛のつるで結んだ。(85)墓穴を地に掘る深さは、地下の泉まで達しないようにし、上の覆土は臭気を通さぬ程度にした。(86)埋葬がすむと、余った土をその上に集め、墓丘の大きさは三尺幅の程度に止めた。

もしこの三聖王の場合について見るならば、厚葬久喪は決して聖王の道でないことがわかる。これらの三王は、天子の貴い身分にあり、天下の富を有していたのであるから、財用の足らないことを憂える必要があったであろうか。しかもなお、このような埋葬の法を定めているのである。

然るに今の王公大人の埋葬の仕方は、これと異なっている。必ず外の大棺と内の中棺の二重にし、なおその上に革で作った箱を三重にかぶせ、璧玉の類を入れた上に、戈剣・鼎鼓・壺濫・刺繡のある衣服・しろぎぬ・むながいや、さては車馬や楽器の類まで、みな備わらぬものはない。そして言うには「必ず墓の道を築き固めて掃き清め、墓丘の高さは山陵のようにせよ」と。これでは民の仕事を休止させ、民の財を浪費することが、計り知れないものがある。その無用のわざをなすことは、およそかくの如きものがある。

この故に子墨子も次のように言われた。

さきに自分が述べたように、もしこの論の言い分や謀りごとに従って、厚葬久喪ということが、誠に貧者を富まし、少ない人口を多くし、危険を除き戦乱を治めることができるとすれば、厚葬久喪が仁であり義であり、孝子のなすべきことだということになろう。そして他人の国の政治の相談にあずかる者は、このことを推奨しなければならぬことになろう。その反対に、論者の言い分や謀りごとに従って、その厚葬久喪ということが、貧者を富まし、少ない人口を多くし、危険を除き戦乱を治めるに役立たないことがわかれば、それは仁でもなく、義でもなく、孝子のなすべきことでもないということになろう。またしたがって、他人の政治の相談にあずかる者は、これを阻止しなければならぬことになろう。

だから、この厚葬久喪に従えば、国家を富まそうと願っても、かえって甚だしい貧困を招くことになり、人民を多くしようとして反対に甚だしく減少させ、治安を求めながら反対に甚だしい混乱を招くことになる。また大国が小国を攻伐することを禁止しようと思っても、それは全く不可能であり、上帝鬼神の福を求めようとしても、かえって禍いを受けるだけである。上は堯舜禹湯文武の諸聖王の道に考えあわすと、まさに逆のものであり、下は桀紂や幽王・厲王(87)の暴君の道に考えあわすと、符節を合するように一致するものである。かような点から見ると、厚葬久喪ということは、聖王の道ではないことがわかる。

ところがまた、厚葬久喪を主張する者は、「もし厚葬久喪が聖人の道でないならば、いかなる理由によって、中国の君子がこれを実行してやめず、これを固守して棄てないのであるか」という。

これに対して子墨子は次のように言われた。

これは、いわゆる習慣となっているものを便利とし、世間の風俗となっているものを正しとするものである。むかし越の東に、輆沐《がいもく》という国があった。この国では、長子が生まれると、その身体を裂いて食い、そうすることが、あとから生まれてくる弟のためによいという。また、祖父が死んだ場合は、その祖母を背負ってこれを棄てるのであるが、それは「亡者の妻と一緒に住むのはいけないからだ」という(88)。そして、上にある者はこれをもって政治の方針とし、下にある者はこれをもって風俗としており、これを実行してやめず、固守して棄てないでいる。このようなことは果して仁義の道といえようか。これこそ、いわゆる習慣となっているものを便利とし、世間の風俗となっているものを正しとすることにほかならない。

また楚の南に、炎人国というのがある。その父母が死ぬと、その肉を腐らせて棄て、そののち骨だけを埋め、これで孝子の務めを果したとする。(89)また秦の西に儀渠《ぎきょ》の国というのがある。その父母が死ぬと、柴や薪を集め、これを焚いて煙を空にあげ、これを「登遐」すなわち昇天とよび、孝子の務めを果したとする。そして、上にある者はこれをもって政治の方針とし、下にある者はこれをもって風俗としており、これを実行してやめず、固守して棄てないでいる。このようなことは果して仁義の道といえようか。これこそ、いわゆる習慣となっているものを便利とし世間の風俗となっているものを正しとすることにほかならない。

もし、この三国の埋葬の仕方について見れば、それは余りにも薄きに過ぎることになり、また中国の君子の埋葬の仕方について見れば、それは余りにも厚きに過ぎることになる。つまり中国は厚きにすぎ、夷狄の三国は薄きにすぎるのである。とすれば、埋葬には程よい節度があるはずである。人が生きるときに役立つ衣食にさえ、節度というものがあるほどであるから、まして死んだときに役立つ埋葬に節度がなくてよいものであろうか。

子墨子は次のように埋葬の法を定められた。

棺の厚さは三寸で、骨が腐るまでもつ程度にする。衣類は三枚で、肉が腐るまでもつ程度とする。地を掘る深さは、下方は地下水の湿りが出ない程度に止め、上方は死体の臭気が発散して洩れない程度にする。墓丘は死体のある場所がわかる程度にすれば、それで十分である。死者の過去を思い出して哭し、また死者の行く末のことを思って哭すれば、それでよい。墓所より帰ってのちは、衣食の財を作ることに務め、祭祀を絶やさぬようにして親に孝を尽くすべきである。

子墨子の法が、死者と生者のいずれにも、利をもたらすといわれるのは、このような理由によるのである。だから子墨子も次のように言われた。

いま天下の士君子は、もし誠に仁義を願い、上士たることを求め、上は聖王の道にかない、下は国家万民の利にかなうことを欲するならば、節喪を政治の方針とすることによくよく心を致すべきである。

天志篇（上）[90]

子墨子は次のように言われた。

いま天下の士君子は、小を知りながら、大を知らない。なぜ、そう言えるのであるか。かれらの家におけるふるまいから、それが言えるのである。もし家にあって、家長[91]に対して罪を犯したばあいには、まだ隣家に逃避する余地が残されている。しかし父母兄弟[92]や知人は、口をそろえてその人間を警戒し、「あのようなふるまいは戒めなければならぬ、慎まねばならぬ」というであろう。してみれば家にあって家長に罪を犯せば、もはや為すべきすべがないことがわかる。国のばあいも、やはり同じである。もし国にあって国君に罪を犯せば、まだ隣国に逃避する余地が残されている。しかし父母兄弟や知人は、口をそろえてその人間を警戒し、「あのようなふるまいは戒めなければならぬ。慎まねばならぬ」というであろう。してみれば国にあって国君に罪を犯せば、もはや為すべきすべがないことがわかる。

この二つのばあいは、いずれも逃避する余地が残されているのであるが、それでさえ、このような厳重な警戒を受けなければならないのである。ましてや逃避する余地のないばあいには、なおさら厳重な警戒を受ける覚悟をする必要がある。諺にも「この白日青天のもとにおいて罪を犯せば、いずこに逃避する場所があろうか。いずくにも逃避するところなし」というのがある。そもそも天なるものは、いかなる林谷幽閑の人気のないところであるからとて、欺きくらますことのできないものであり、その光明は必ずこれを照察するのである。ところが天下の士君子は、この天に対するばあい、たちまちにして警戒することを忘れる。これぞ自分が「天下の士君子は小を知りながら、大を知らない」というゆえんである。

それでは、天はいったい何を欲し、何を憎むものであろうか。天は義を欲し、不義を憎むものである。とすれば、天下の万民をひきいて義に努力することが、とりも直さず自分が天の欲することをすることである。もし自分が天の欲することをしたならば、天もまた自分の欲することをしてくれるであろう。

それでは、自分はいったい何を欲し、何を憎むのであろうか。自分は福禄を欲し、禍祟《たたり》を憎むものである。もし自分が天の欲することをしないで、天の欲しないことをしたとすれば、これは自分が天下の万民をひきいて禍祟に向って努力していることになる。

それでは、何によって天が義を欲し不義を憎むことを知るか。それは、天下のものすべて、義あるときには生き、義なきときは死し、義あるときは富み、義なきときは貧しく、義あるときには治まり、義なきときは乱れるからである。この事実からわかることは、天は万物の生きるのを欲して、その死を憎み、その富むのを欲して、その貧しくなるのを憎み、その治まるのを欲して、その乱れるのを憎むということである。これぞ自分が「天は義を欲して、不義を憎む」ということを知るゆえんである。

ところで、義とは政、すなわち人を正し治めることである。下から上を政《ただ》すことはあり得ず、常に上から下を政《ただ》すのである(93)。したがって庶民は自分の仕事に専念すべきものであり、ほしいままに政《ただ》すこと、つまり政治をするということは許されない。士というものがあって、これを政《ただ》すのである。その士も、やはり自分の仕事に専念すべきものであって、ほしいままに政《ただ》すことは許されない。将軍や大夫があって、これを政《ただ》すのである。その将軍や大夫も、自分の仕事に専念すべきものであって、ほしいままに政《ただ》すことは許されない。天子があって、これを政《ただ》すのである。しかし天子もほしいままに政《ただ》すことは許されない。天というものがあって、これを政《ただ》すのである。天子が三公・諸侯・将軍・大夫・士・庶人に対して、政《まつ》りごとをすることについては、天下の士君子は誰でもよくこれを知っている。しかし天が天子に対して政《まつ》りごとをすることについては、天下の万民はあまりよく知っていないのである。

だから、むかし夏殷周の三代の聖王である禹・湯・文・武の諸王も、天が天子を政《ただ》すということを天下の万民に明らかに知らせるために、牛羊を養い、犬豚を飼って犠牲とし、清らかな供物や神酒をそなえて上帝鬼神を祭り、福を天に祈るということをしないものはなかった。自分はいまだに天が天子に向って福を祈ったという話を聞いたことがないが、この事実によっても天が天子に対して政《まつ》りごとをすることがわかるのである。

もともと天子というものは、天下において最も貴いものであり、天下において最も富めるものである。その天子でさえ天に福を祈るのであるから、富と貴を願うものは、天の意志に対しては従わねばならぬことになる。天の意志に従うとは、兼ねて相愛し、交《こも》ごも相利することであり、その結果として必ず天の賞を得るのである。天の意志に反するとは、差別して相憎み、交《こも》ごも相賊《そこ》なうことであり、その結果として必ず天の罰を得るのである。

それでは、いったい誰が天意に従って賞を得たのであるか。また、誰が天意に反して罰を得たのであろうか。

子墨子は次のように言われた。

むかしの三代の聖王である禹・湯・文・武の諸王こそ、天意に従って賞を得たものである。また、むかしの三代の暴君である桀・紂・幽・厲の諸王は、天意に反して罰を得たものである。

それでは禹湯文武の諸王が賞を得たのは、何によってであろうか。

子墨子は次のように言われた。

それはこれらの諸王が、上は天を尊び、中は鬼神に仕え、下は人を愛することに専念したからである。そのため天帝も、「かれらは、わが愛するところのものを兼ねてこれを愛し、わが利し益するものをば兼ねて利するものである。人を愛することかくの如きは、まことに広大であるといえるし、人を益することかくの如きは、まことに深厚であるといえる」と思し召された。そこで天子という貴い位を授け、天下という大きな富を与えられた。その事業は万世の後まで残り、子孫はその徳を伝えてほめたたえ、その恵みはあまねく天下にゆきわたり、今に至るまで賛美してこれを聖王と名づけている。

それでは桀紂幽厲の諸王が罰を得たのは何故であるか。

子墨子は次のように言われた。

かれらは、上は天を罵り、中は鬼神をそしり、下は人を害することに専念したからである。そのため天帝も「かれらは、わが愛するところのものを差別づけて憎み、わが利するところのものを交《こも》ごも害している。人を憎むことかくの如きは、まことに甚だしいといえるし、人を害することかくの如きは、まことに深刻であるといえる」と思し召された。そこで天寿を終えることができず、その一代を全うすることができないようにされた。世人は今に至るまでこれをそしり、暴王と名づけている。

それでは何にもとづいて、天が天下の万民を愛することを知るか。それは天が「兼」であること、すなわち、あまねくして差別をしないということによって明らかにすることができる。それでは何にもとづいて、天が兼であることを明らかにし得るのか。それは天が万民を兼《あま》ねく抱擁し、わがものとして領有しているからである。何故に天が万民を兼《あま》ねく領有していることが判るか。それは天が万民から兼《あま》ねく食糧の提供を受けているからである。(94) 何故に兼《あま》ねく食糧の提供を受けていることが判るか。それは次のような理由による。

四海の内、五穀を食としている民は、牛羊を養い、犬豚を飼って犠牲とし、清らかな供物や神酒をささげて、上帝鬼神を祭祀しないものはない。かようにして天帝は万民を領有するのであるから、どうしてこれを愛しないことがあろうか。そのうえ自分はかつて、「一人の罪なき者を殺した場合には、必ず一つの禍災を受ける」と言ったが、この場合、一人の罪なき者を殺すのは誰であるか。それは人間である。これに禍災を与えるのは誰か。それは天にほかならない。もし天が天下の万民を愛していないとすれば、人と人とが殺しあった場合、なぜ天はこれに禍災を下すのであるか。この事実こそ、天が天下の民を愛することを証明するものである。

天意に従うものは義政、すなわち正義にもとづく政治である。天意に反するものは力政、すなわち力による政治である。それでは義政とはいったいいかなるものであるか。

子墨子は次のように言われた。

自らは大国でありながら小国を攻めることなく、自らは大家でありながら小家を奪うことなく、強者でありながら弱者をおびやかさず、貴い身分にありながら賤人におごらず、智謀をもちながら愚者を欺くことがなければ、これは必ず、上は天を利し、中は鬼神を利し、下は人を利するものである。この三利を兼ね備えているために、天下の美名はすべてこの者に集まり、これを名づけて聖王というのである。

力政、力による政治というのは、これと異なる。その言うところもこれと反対であり、その行なうところも反対であって、あたかも逆の方向に走るのに似ている。自らは大国であるが故に小国を攻め、自らは大家であるが故に小家を奪い、強者であるところから弱者をおびやかし、貴い身分にあるところから賤人におごり、智謀をもつところから愚者を欺くようなことをするのは、これは必ず、上は天を利せず、中は鬼を利せず、下は人を利しないであろう。この三不利を兼ね備えているために、天下の悪名はすべてこの者に集まり、これを名づけて暴王というのである。

子墨子は次のように言われた。

自分にとって天志が存在することは、譬えば車輪を造る工人が規〔ぶんまわし〕をもち、大工が矩〔さしがね〕をもっているようなもので、これで天下のあらゆるものの方円を計り、これに当たるものは是であり、当たらないものは非であると判定することができる。いま天下の士君子の書は、一々列記できないほど多く、その言葉は数えきれぬほど多くあって、いずれも上は諸侯に向って説き、下は士の人々に説いている。(95) しかしそれは、仁義という点から見れば、甚だ遠いものである。それは何によって知るか。自分には天下の明法、すなわち天志があり、これによってこれを計り知るからである。

天志篇（中）

子墨子は次のように言われた。

いま天下の君子のうちで、仁義を行なうことを願うものは、義というものの出てくる本を知らなければならない。それでは義はどこから出てくるものであろうか。

子墨子は次のように言われた。

義というものは、愚かで賤しいものからは出てこないで、必ず貴くて賢いものから出てくるものである。

いったい義というのは、政《ただ》しいという意味である。(96) それでは、どうして義が政《ただ》しいという意味であることがわかるか。天下は義があれば治まり、義がなければ乱れるものである。この故に義が政《ただ》しいという意味であることがわかる。ところで、愚かで賤しいものは、貴くして賢いものを政《ただ》すことはできない。貴くて賢いものにして、始めて愚かで賤しいものを政《ただ》すことができるのである。この事実によって自分は、義というものが愚かで賤しいものからは出てこないで、必ず貴くして賢いものから出てくることを知るのである。

それでは、どのような者が貴いのであり賢いのであるか。それは天である。天のみが貴いのであり、天のみが明知あるものである。そうすると結局、義というものは天から出てくるということになるであろう。

ところが、いま天下の人々は「天子が諸侯より貴いことや、諸侯が大夫よりも貴いことは、確かに明瞭に知ることができる。しかし自分には、天が天子よりも貴くて賢いということは判らない」という。

これに対して子墨子は次のように言われた。

自分が、天が天子よりも貴くて賢いことを知るについては、その理由がある。もし天子が善を行なえば、天はこれを賞することができるし、天子が暴を行なえば、天はこれを罰することができる。天子に病気や禍祟《たたり》があったばあいには、必ず斎戒沐浴し、清らかな神酒や供物をそなえて天の神を祭ると、天の神はこれらのものを除き去ることができる。しかしながら、逆に天が天子に福を祈るという話は、いまだ聞いたことがない。この事実にもとづいて、自分は天が天子よりも貴くて賢いことを知るのである。

しかし、自分が、天が天子よりも貴くて賢いことを知るのは、これだけの理由によるのではない。先王の書に、天の明智の働きが寸時も休むことがないことを述べて、次のようにいっているからである。(97)すなわち「明哲《あきらか》なる天は、下土に君臨す」とある。これも天が天子よりも貴く賢明であることを述べたものである。

それとも天よりさらに貴く賢明なるものがあるのであろうか。いな、天のみが貴く、天のみが賢明なのである。してみれば義は、やはり天より出ずるものとしなければならぬ。

この故に子墨子は次のように言われた。

いま天下の士君子は、もし誠に道に従い民を利し、仁義の根本を明らかにしようと願うならば、天の意志に従わなければならない。

かように天の意志には従わなければならぬとして、さて天の心は何を欲し、何を憎むのであろうか。

子墨子は次のように言われた。

天の心は、大国が小国を攻め、大家が小家を乱し、強者が弱者に乱暴し、智謀あるものが愚者をだまし、貴人が賤人におごることを欲しない。これらは天の欲しないところであるが、しかし同時に積極的に欲するところのものがある。天は、力あるものが弱者を救援し、道徳をそなえたものが人々を教化し、財貨あるものが人々に分け与えることを欲するのである。また天は、上にあるものが政治に務め、下のものが仕事に務めることを欲する。上のものが政治に務めれば国家は治まるし、下のものが仕事に務めれば財政が豊かになるであろう。もし国家が治まり、財政が豊かになれば、国の内にあっては、清らかな神酒や供物をささげて天神を祭祀することができるし、国の外に向っては、環(98)璧珠玉を聘物として四方の隣国に交わり、諸侯の怨みを買うことがなく、辺境に戦いがなくなるであろう。国内において、飢えたるものに食をあたえ、労苦するものを息《いこ》わせ、その万民を安んじ養うならば、君臣上下は恩恵と忠義で結ばれ、父子兄弟は慈愛と孝行とで結ばれるであろう。したがって、ひたすら天の心に従うべきを明らかに知り、これを奉じて天下に大いに施すならば、法律による秩序は治まり、万民は相和し、財政は豊かになり、すべての人民が暖衣飽食することができ、安泰で憂いがない状態になるであろう。

　この故に子墨子は次のように言われた。

　いま天下の士君子は、まことに道に従い民を利し、仁義の根本を明らかにしようと願うならば、天の意志に従わなければならない。

　そもそも天が天下を領有するのは、これを譬えていえば、国君諸侯が四境の内を領有しているのと異なるところがない。諸侯たるものは、その国の臣下や万民が、互いに不利益を及ぼすようなことをするのを喜ぶものがあろうか。天の場合も、また同様である。今もし大国の地位にあるものが小国を攻め、大家の地位にあるものが小家を乱し、これによって天の賞誉を求めようとしても、ついに得られないばかりでなく、天の誅罰が必ず至るであろう。

天が天下を領有するのは、諸侯が国を領有しているのと異なるところがない。今もし大国の地位にあるものが小国を攻め、大都の地位にあるものが小都を伐ち、これによって天の禄を求めようとしても、福禄はついに得られないばかりでなく、禍祟《たたり》が必ず至るであろう。

かようにして、もし天の欲することを行なわないで、天の欲しないことを行なうならば、天もまた人の欲することを行なわないで、人の欲しないことを行なうであろう。それでは、人の欲しないこととはいかなることであるか。それは疾病と禍祟《たたり》である。もし天子諸侯たる自分が、天の欲することを行なわないで、天の欲しないことを行なうならば、これは天下の万民をひきいて、禍祟の中に引きずりこむことになるのである。

だから上古の聖王は、天神の祝福する事柄をよく知り、天神の憎む事柄を避け、これによって天下の利を興し、天下の害を除くことを願ったのである。このため天が寒暑の気候をもたらすのにも節度があり、四季の移り変わりも順調で、晴曇雨露も程よい時を得、五穀はみのり、六畜は生育し、災害や疫病も現われなかった。

だから子墨子も次のように言われた。

いま天下の士君子は、まことに道に従い民を利し、仁義の根本を明らかにしようと願うならば、天の意志に従わなければならない。

だが天下には、不仁にして不祥な事柄がある。たとえば子が父に仕えず、弟が兄に仕えず、臣が君に仕えないといったことが、それである。もしこのようなことがあると、天下の君子は、こぞってこれを不祥事であるという。いま天は天下を兼《あま》ねく愛し、万物を育ててこれを利するものである。(99) したがって、いかなる瑣細なことの末に至るまで、天のお蔭でないものはない。人はその利を受けること厚いものがある。それにもかかわらず、天に報いることなく、不仁不祥を行なっていることに気づかないでいる。このような事実こそ、自分が「君子は小を知りながら、大を知らない」というゆえんである。

このほかにも、自分が天の人を愛することの深いのを知る理由がある。それは天が日月星辰の運行を定めて、これを正しく導き、春秋冬夏の四季を作って、これを規則正しく現われるようにし、雪霜雨露をふらせて五穀や麻を成長させ、民がこれを利用して生活できるようにした。また天は山川谿谷を造って、それぞれの地方に応じた万般の仕事を割り当て、民がその務めに励むかどうかを監察し、また王公侯伯といった統治者を設けて、賢者を賞し暴逆なる者を罰せしめ、さらに金銀木材や鳥獣を領内に割り当てて租税とするとともに、五穀や麻を植えて民の衣食の資とさせた。それは昔より今に至るまで、変らずに続けられてきたことである。

いま、ここに人があって、ひたぶるにその子を愛し、あらんかぎりの力をつくして子の幸福を計ったとしよう。もし子が長じて父に報いようとしなかったならば、天下の君子はこぞって不仁不祥の子であると言うであろう。いま天は天下を兼《あま》ねく愛し、万物を育ててこれを利するものであり、瑣細なことの末に至るまで天のお蔭でないものはない。人はそのお蔭をこうむっているのは、ひととおりではない。それにもかかわらず、天の恩に報いるどころか、自分の行為が不仁不祥であることでさえ気づかないでいる。自分が「君子は小を明らかにしながら、大を明らかにしない」というのは、このことなのである。

また自分が天の人を愛することの深いのを知るのは、これだけの理由に止まらない。それは、罪なき者を殺す者に対しては、天が不祥を与えるということである。それでは罪なきものを殺す者とは誰であるか。それは人である。これに不祥を与えるものとは誰か。それは天である。もし天の人を愛することが深くなければ、人が罪なきものを殺した場合に、どうしてこれに不祥を与えたりするであろうか。この事実こそ、自分が天の人を愛することの深いのを知る所以である。

また、自分が天の人を愛することが深いのを知る理由は、これだけには止まらない。それは、人を愛し人を利して、天の意に従った者が、天の賞を受けるという事実があるとともに、人を憎み、人を害して、天の意に反した者が、天の罰を受けるという事実があることである。それでは天の賞を受けた者とは誰であるか。それは、上古三代の聖王である堯・舜・禹・湯・文・武の諸王などが、これである。それでは堯舜禹湯文武は、どのようなことをしたのであろうか。それは「兼」、あまねくするということに努力したのであって、「別」、差別するということに努力したのではない。

兼というのは、大国の地位にあるものが小国を攻めず、大家の地位にあるものが小家を乱さず、強者が弱者をおびやかさず、多数が少数に横暴をせず、智力あるものが愚者を謀ることなく、貴人が賤人におごらないことである。これらの事柄についてみると、そのいずれもが、上は天を利し、中は鬼を利し、下は人を利するものであって、三利を兼ね備えている。このような行為を名づけて天徳というのであって、ここには天下の美名が集中して加えられ、「これこそ仁であり、義である。人を愛し人を利して、天の意に従い、天の賞を得たものである」と賞賛されるのである。それだけではない。その事蹟を竹帛に書せられ、金石に刻せられ、槃盂《ばんう》(100)にほられ、後世の子孫に伝え残されるのである。

それでは、なぜこのように子孫にまで伝えるのであるか。それは、かの人を愛し人を利して、天の意に従い、天の賞を得た者を記念するためである。皇矣の詩にも「天帝は文王に告げたもう。わが心を寄するは、いたずらに声を大にせず、うわべをつくろわず、中華に長となるも王法を変革せず、識らず知らずのうちに、天の法に従うものなり」といっている。(101)これは天帝が、周の文王が天の定めた法則に従うことをよしとしたものである。この故に天帝は殷の国をあげて周の文王に与えてこれを賞し、天子の貴い身分をあたえ、天下という巨大な財産を授け、その名誉は今に至るまで消えぬという恩寵をたれたのである。だから人を愛し人を利し、天の意に従って天の賞を得た者がどのようになるかは、この文王の例を見るだけでわかるのである。

それでは、人を憎み、人を害し、天の意に反し、天の罰を得たのは誰であろうか。それは上古三代の暴王である桀・紂・幽・厲の諸王が、これである。それでは桀紂幽厲は、どのようなことをしたのであろうか。かれらは「別」すなわち差別するということに専念し、「兼」すなわちあまねくするということに努力しなかった。

別というのは、大国の地位にあるものが小国を攻め、大家の地位にあるものが小家を乱し、強者が弱者に横暴をなし、智力あるものが愚者を謀り、貴人が賤者におごることである。これらの事柄についてみると、そのいずれもが、上は天を利せず、中は鬼を利せず、下は人を利しないものであって、三不利を兼ね備えている。このような行為を名づけて天賊というのであって、ここには天下の醜名が集中して加えられ、「これは仁ではなく、義でもない。人を憎み人を害して、天の意に反し、天の罰を得たものである」と非難されるのである。それだけではない。その事蹟を竹帛に書せられ、金石に刻せられ、槃盂《ばんう》にほられ、後世の子孫に伝え残されるのである。

それでは、なぜこのように子孫にまで伝えるのであるか。それは、かの人を憎み人を害し、天の意に反して、天の罰を受けた者を永く戒めとするためである。大誓にも「かの紂は傲慢不遜にして、上帝に仕えまつることをなさず、その祖先の神々を棄てて祭らず。しかも自らは天命を保有せりと言い、神々を侮り辱かしむることのみをなせり。この故に、天もまた紂を見棄て、これを保護することなし」とある。(102) なぜ天が紂を見棄てて保護しなかったかを考えると、それは彼が天の意に反したからである。だから、人を憎み人を害し、天の意に反して天の罰を受けた者がどうなるかは、この紂の例を見るだけでわかるのである。

この故に、子墨子にとって天志が存在するのは、たとえば車輪を作る工人が規〔ぶんまわし〕をもち、大工が矩〔さしがね〕をもっているようなものである。いま車輪を作る工人は、その規を手にして、あらゆる物の円いかどうかを量ろうとして、「自分の規に合うものは円であり、合わないものは円でない」という。かくして円と円ならざるものを、すべて知ることができるのである。その理由は何か。それは円を決定する規準が明確だからである。大工もまた矩を手にして、あらゆるものの方形であるかどうかを量ろうとして、「自分の矩に合うものは方形であり、合わないものは方形ではない」という。かくして方形と方形でないものを、すべて知ることができるのである。その理由は何か。それは方形を決定する規準が明確だからである。

だから子墨子にとって天志が存在するのは、上はこれをもって天下の王公大人の政治・法律のありかたを判定する基準とするものであり、下はこれをもって天下万民の学問や言論のありかたを判定する基準とするものである。その行為を見て、それが天の意に従っていれば、これを善なる徳行といい、天の意に反していれば、これを不善なる徳行という。その言論を見て、天の意に従っていれば、これを善なる言論といい、天の意に反していれば、これを不善なる言論という。その政治を見て、天の意に従っていれば、これを善なる政治といい、天の意に反していれば、これを不善なる政治という。

だから天志というものを基礎に置いて法則とし、これを立てて基準とし、これによって天下の王公大人、卿大夫の仁と不仁とを判定するならば、黒白を分つように明確に区別することができる。

この故に子墨子は次のように言われた。

いま天下の王公大人、士君子は、もし誠に道に従い民を利し、仁義の根本を明らかにしようと願うならば、天の意志に従わなければならない。天の意志に従うことは、義の根本となる法則である。

天志篇（下）

子墨子は次のように言われた。

天下が乱れるのは、その理由はどこにあるのであろうか。それは天下の士君子が、いずれも小事に明らかでありながら、大事に明らかでないからである。それでは、なぜ小事に明らかでありながら大事に明らかでないことが知られるか。それは彼らが天の意に明らかでないからである。それでは、なぜ彼らが天の意に明らかでないことが知られるか。それは彼らの家におけるふるまいから知られるのである。

いまもし人が自分の家のうちで罪を犯したばあいには、まだ他人の家に逃避する余地が残されている。とはいえ、父はその子である本人を戒め、兄はその弟である本人を戒めて「このような行為は戒めなければならぬ、慎まねばならぬ」というであろう。してみれば、たとえ他人の家に逃れても、戒慎から逃れることはできないのである。

それでは他人の国へ逃れたばあいは、どうであろうか。もし人が自分の国で罪を犯したばあいには、まだ他人の国に逃避する余地が残されている。とはいえ、父はその子である本人を戒め、兄はその弟である本人を戒めて「このような行為は戒めなければならぬ、慎まねばならぬ」というであろう。してみれば、たとえ他人の国に逃れても、戒慎から逃れることはできないのである。

ところで、いま人々はみな天下に住んで、天を上に戴いている。もし天に対して罪を犯したならば、逃避する場所はどこにもないのである。それにもかかわらず、自分の行為を慎み戒めることを知らない。天下の士君子が大事については知らぬと自分がいうのは、この理由によるのである。

この故に子墨子は次のように言われた。

戒めよ、慎めよ。必ず天の欲することとなし、天の憎むことを避けよ。

それでは天の欲することとは何であるか。天の憎む所とは何であるか。天は義を欲して不義を憎むものである。それでは、どうしてそれがわかるか。それは、義とは正すということであるからである。では義が正すということであることが、どうしてわかるか。天下に義があれば治まり、義がなければ乱れる。この事実によって、義が正すことであることがわかるのである。

ところで正すということについて見ると、下から上を正すということはないのであって、必ず上から下を正すのである(103)。したがって庶民はほしいままに正すということ、つまり政治をすることはできない。士というものがあって、これを正すのである。その士もほしいままに正すことは許されないのであって、大夫というものがあって、これを正すのである。その大夫もほしいままに正すことは許されないのであって、諸侯というものがあって、これを正すのである。その諸侯もほしいままに正すことは許されないのであり、三公(104)というものがあって、これを正すのである。その三公もほしいままに正すことは許されないのであり、天子があってこれを正すのである。その天子もほしいままに正すことは許されないのであり、天があってこれを正すのである。

ところが、いま天下の士君子は、天子が天下を正すことは知っているが、天が天子を正すということは知っていない。だから上古の聖人も明らかにこのことを人に説いて、「天子に善あらば、天よくこれを賞し、天子に過ちあらば、天よくこれを罰す」といっている。もし天子の賞罰が不当であり、裁判の仕方が中正を得ないようなときは、天は疾病や禍祟《たたり》を下し、時ならぬ霜露をふらすのである。このような時には、天子は必ず牛羊や犬豚を養い、清らかな供物や神酒を作って福を天に祈るのであるが、自分はいまだ天が天子に禱祠して福を祈ったという話を聞いたことがない。この事実によっても、天が天子よりも貴く、かつ賢明であることがわかるのである。

したがって、義《ただ》すということは、愚かにして賤しい者からは出ないで必ず貴くして賢明なる者から出るのである。それでは誰が貴く、誰が賢明なのか。むろん、天が貴いのであり、天が賢明なのである。とすれば、義というものは断じて天から出てくるものなのである。したがって、いま天下の士君子にして、義を行なおうと願うものは、天の意に従わなければならないのである。

それでは天の意志に従うためには、どうすればよいか。それは天下の人を兼愛することである。それでは天が天下の人を兼愛することが、どうしてわかるか。それは天が万民から兼《あま》ねく食糧の供物を受けているからである(105)。それでは兼《あま》ねく食糧の供物を受けていることが、どうしてわかるか。昔から今に至るまで、またいかなる遠方辺鄙にすむ蛮夷の国に至るまで(106)、みな牛羊や犬豚を養い、清らかな供物や神酒をつくり、上帝や山川の鬼神を祭祀している。このことから、天が万民から兼《あま》ねく食糧の供物を受けていることがわかるのである。

いやしくも、あまねく万民から食糧の供物を受けている以上、必ずあまねく万民を愛するはずである。譬えていえば、楚や越の君主のようなものである。いま楚王は楚の国内の民から食糧の提供を受けているので、そのために楚の民を愛する。越王も越の国内の民から食糧の提供を受けているので、そのために越の民を愛する。いま天帝は兼《あま》ねく天下の人々から食糧を受けているのであるから、これによって天帝が天下の人々を兼《あま》ねく愛することを知るのである。

その上、天が万民を愛するということは、これだけに尽きるのではない。いま天下の国々や、生きとし生ける民の間において、もし一人の罪なきものを殺せば、必ず一つの不祥を受け取るであろう。誰が罪なきものを殺すのか。それは人間である。誰が不祥を下すのか。それは天である。もし天が真に民を愛するのでなければ、どうして一人の罪なきものを殺した人間があったからといって、これに不祥を下すということがあり得ようか。天が万民を愛すること厚く、天が万民を愛すること深いのは、これによっても伺うことができる。

それでは天が万民を愛することは、何によって知られるか。それは天が賢者の善をば必ず賞し、愚者の暴をば必ず罰することによって知られる(107)。それでは、天が賢者の善を必ず賞し、愚者の暴をば必ず罰することは、何によって知られるか。それは昔の三代の聖王によって知ることができる。

むかし三代の聖王である堯舜禹湯文武が天下を兼愛したときには、その兼愛の心に従って民を利し、その万民の心を導き移して、これをひきいて上帝山川鬼神を祭った。天帝もまた、かれら聖王が、天帝の万民を愛する心に従って万民を愛し、天帝の万民を利する心に従って万民を利するものであるとされた。そこで聖王に賞をあたえ、これを高位におき、立てて天子となし、これを名づけて聖人といった。この事実は、天帝が善を賞することを知るに足る証拠である。

また、むかし三代の暴王である桀紂幽厲が天下を兼《あま》ねく憎んでいたときには、その憎悪の心のままに民を害し、その万民の心を導き移して、これをひきいて上帝山川鬼神を罵りあなどった。天帝は、かれらが天帝の万民を愛する心に従わないで万民を憎み、天帝の万民を利しようとする心に従わないで万民を害するものであるとされた。そこでかれらに罰を下し、その父子を離散させ、その国家を滅亡にみちびき、その社稷《しゃしょく》を亡失させ、その身を憂患に陥れた。そこで天下の庶民は集って罵り、後世の子孫に至るまで、これを責めることをやめず、これを名づけて暴王といった。この事実は、天帝が暴を罰することを知るに足る証拠である。

いま天下の士君子で、義を行なおうと願うものは、天の意志に従わなければならない。天の意志に従うとは、「兼」すなわちあまねくすることであり、天の意志に反するとは、「別」すなわち差別することである。兼の道に従うものは義正(108)、すなわち正義による政治である。別の道に従うものは力正、すなわち力による政治である。

それでは正義にもとづく政治とは、どのようなものであるか。それは、大なるものが小を攻めず、強者が弱者を侮らず、多数が少数に横暴せず、智力ある者が愚者を欺かず、貴人が賤人におごらず、富める者が貧者に驕らず、壮年の者が老人から奪わないことである。したがって天下の諸国は、水火毒薬兵刃を武器として害しあうこともない。かようにすれば、上は天を利し、中は鬼を利し、下は人を利し、三利を兼ね備えることになる。これを天徳という。これを実行するものは聖知であり、仁義であり、君に恩恵の心あり、臣に忠心あり、親に慈愛あり、子に孝心が備わるのである。このため天下の美名が、この人に集中するのである。その理由は何であるか。天の意志に従うが故である。

それでは力にもとづく政治とは、どのようなものであるか。それは、大なるものが小を攻め、強者が弱者を侮り、多数が少数に横暴し、智力ある者が愚者を欺き、貴人が賤人におごり、富める者が貧者に驕り、壮年の者が老人から奪うことである。したがって天下の諸国は、水火毒薬兵刃を武器として害しあうことになる。かようにすれば、上は天を利せず、中は鬼を利せず、下は人を利せず、三不利を兼ね備えることになる。これを天賊という。これを実行するものは、寇乱であり、盗賊であり、不仁不義であり、君に恩恵の心なく、臣に忠心がなく、親に慈愛の心なく、子に孝心がなくなるのである。このため天下の悪名が、この人に集中するのである。その理由は何か。天の意志に反するが故である。

そこで子墨子は天志というものを立てて、これを基準の法則とされた。それはあたかも車輪を作る工人が規〔ぶんまわし〕をもち、大工が矩〔さしがね〕をもっているようなものである。いま車輪を作る工人は規によって、大工は矩によって、それぞれ方円の区別を知ることができる。この故に子墨子は、天志を立てて基準の法則とし、「自分はこの基準に照らすことにより、天下の士君子が義から遠く離れていることを知った」といわれた。

それでは、なぜ天下の士君子が義から遠く離れていることを知るか。いま大国の君主は傲然として、「自分が大国の地位にありながら、小国を攻めないようでは、どうして大をなすことができようか」といい、そこで部下の精鋭の士をよりすぐり、舟車水陸の軍兵をおしならべて、罪なき国を攻撃し、その国境におし入り、穀物を刈り取ってしまい、その樹木を斬り倒し、その城郭を破壊して堀や川を埋めつくし、祖廟を焼きはらって犠牲を盗み殺す。抵抗する民は首をはねて殺し、抵抗しない者は縛りあげて連れ帰る。男は馭者馬丁や服役囚とし、女は穀物の臼つきの雑役にする。そして、このように攻伐を好む君主は、これが仁義にはずれていることも知らないで、四方の隣国の諸侯に「自分は他国を攻めてその軍を全滅させ、その将帥若干人を殺したぞ」と告げる。その隣国の君主も、これが仁義にはずれた行為であることを知らないで、革や帛の幣物をととのえ、徒卒や車馬を遣わし、使者に命じて献上して賀を述べさせる。

こうなると、好戦の君主はいよいよこのことが不仁不義であることが判らなくなり、これを竹帛に書し、これを府庫に蔵するのである。そのあとを嗣ぐ子孫も、必ずその先君の行為にならおうと願うようになり、「わが府庫を開いて、先君の残された手本を見ようではないか」というであろう。そこには「文王・武王の政治は、かくの如きものであった」などとは絶対に書かれておらず、「自分は敵国を攻めて、その軍を全滅させ、その将帥若干人を殺したぞ」と書かれているに違いない。

かくて攻伐を好む君主は、その行為が不仁不義であることを知らず、隣国の君主もこれが不仁不義であることを知らない。このため攻伐が世々に行なわれて絶えることがないのである。これこそ自分が、世の士君子は重大なことについては知ることがないというゆえんである。

それでは世の士君子が小さい瑣細な事柄については知っているというのは、どういうことであるか。

いまここに人があって、他人の畑や果樹園に侵入し、他人の桃李や瓜・薑《はじかみ》を盗んだならば、上にあって政治をする者はこれを捕えて罰し、衆人は盗むを聞いて非難するであろう。その理由は何か。自分が栽培の苦労にあずからないで、その収穫だけを手に入れ、自分の所有物でないのに、これをわが物とするからである。ましてや、他人の家の塀や垣を乗りこえて、他人の子女を掠奪したり、他人の府庫に穴をあけて他人の金玉布帛を盗んだり、他人の檻《おり》や柵《さく》を乗りこえて他人の牛馬を盗むものは、なおさらのことである。ましていわんや罪なき人を殺すに至っては、なおさら罪が重い道理である。

ところで、いま王公大人の政治においては、一人の罪なき者を殺したものはもちろん、人の塀や垣を乗りこえて他人の子女を掠奪するもの、他人の府庫に穴をあけて金玉布帛を盗むもの、他人の檻や柵を乗りこえて牛馬を盗むもの、他人の畑や果樹園に侵入して桃李や瓜薑を盗むものといったような、小事については、これを罰するのであって、この点は昔の堯舜禹湯文武の政治と異なるところがないわけである。

ところが、いま天下の諸侯は、これだけには止まらないのであって、必ず侵略攻伐し他国を併呑しようとするのであるから、さきの一人の罪なきものを殺すことが、数千、数万倍にも及ぶのである。また、他人の塀や垣を乗りこえて子女を掠奪し、他人の庫に穴をあけて金玉布帛を盗むことも、数千、数万倍にも達する。さらに人の檻や柵を乗りこえて牛馬を盗み、人の畑や果樹園に侵入して桃李瓜薑を盗むことも、数千、数万倍にも及ぶのである。然るに、このような大事に関しては、彼らはこれを義であるというのである。

だから子墨子も次のように言われた。

これは物の道理をみだすものであり、黒白甘苦の区別をみだすのと異なるところがない。いまここに人があって、これに少量の黒色を示すとこれを黒といい、これに多量の黒色を示すとこれを白といったとすれば、必ず自分の目は乱れて黒白の区分がつかないと言うであろう。また、いまここに人があって、少しく甘味をなめると甘いといい、多量の甘味をなめると苦いと言ったとすれば、必ず自分の口は乱れて甘苦の味がわからないと言うであろう。いま王公大人の政治においては、その国内で人を殺すものが現われると、これを罰して禁圧するくせに、部下の将軍兵士が隣国の人を大量に殺した場合には、これを大義だというのである。これでは黒白甘苦の区別を乱すのと異なるところがないではないか。

　この故にこそ、子墨子は天志というものを立てて基準の法則とされたのである。ひとり子墨子だけが天志をもって法則とされただけではない。先王の書である大夏にも[109]、同じことを述べているのであって、「天帝は文王に告げたもう。わが心を寄するは、いたずらに声を大にせず、うわべをつくろわず、中華に長となるも王法を変革せず、識らず知らずのうちに、天の法に従うものなり」とある。これは文王が天志をもって法とし、天帝の示す法則に従ったことを物語るものである。

かくて今の天下の士君子は、まことに仁義を行なおうと願い、上士となり、上は聖王の道にかなない、下は国家万民の利を謀ろうとするならば、天志というものを明らかに知らなければならない。天志こそ、永久不変の道だからである。

明鬼篇(110)

子墨子は次のように言われた。

上古の夏殷周三代の聖王が没してより、天下は正義を失い、諸侯は力による政治をするようになった。その結果、君臣上下の間には慈恵と忠順の結びつきがなく、父子兄弟の間には慈愛と孝行、兄らしいふるまいと弟としての従順さ善良さの結びつきがなくなり、君上のものは政治に努力せず、賤人は仕事に励まないようになった。同時に、民が乱暴を働き、世を乱し、盗賊を働いて、兵刃毒薬水火などを凶器とし、罪なきものを道路往来に待ちぶせて襲い、他人の車馬や衣服を奪って我が物とするといったことが一斉に起るようになったのも、すべてこれ以来のことである。このため天下は大いに乱れるようになった。

これは一体なぜそうなったのであろうか。それというのもみな、鬼神が存在するか否かという問題に疑惑をもち、鬼神がよく賢者を賞し暴悪なる者を罰するということを知らないためである。いまもし天下の人のすべてが、鬼神がよく賢者を賞し暴悪なる者を罰するということを信ずるならば、天下はどうして乱れることがあろうか。

いま無鬼、すなわち鬼神が存在しないということを主張するものは、「鬼神などというものは、もともと存在しないものだ」といい、朝夕にこのことを天下に教え説き、天下の人々をして鬼神の有無の区別について疑惑の念を抱かせるようにさせる。このために天下が乱れるのである。

そこで子墨子も次のように言われた。

いま天下の王公大人、士君子は、もしまことに天下の利を興し、天下の害を除こうと願うならば、鬼神の有無の問題は、よくよく明らかに察知しておかなければならない。このように鬼神の有無の問題を明らかにしなければならぬとすると、自分がこれを明らかに察知するためには、いったいどうすればよいのであろうか。

子墨子は次のように言われた。

一般に有無を察知する方法についていえば、必ず多数の人々の耳目の経験が、有無いずれかに決定した結果を基準とするものである。もしまことに見たり聞いたりした者があるばあいには、必ずこれを有とし、もし見た者も聞いた者もないばあいには、必ずこれを無とする。もしそうだとすれば、一度、村々に入って質問してみるがよい。昔より今に至るまで、人類が生まれてよりこのかた、かつて鬼神の姿を見たり、鬼神の声を聞いたりした者はあるはずで、もしそうだとすれば、鬼神は存在しないなどとは言えない。もし反対に、誰も見たり聞いたりした者がないならば、鬼神が存在するとは言えなくなるであろう。

いま無鬼を主張するものは、「この天下の人々のうちで、誰が鬼神というものを見たり聞いたりしたものがあるのか」という。

これに対して子墨子は次のように言われた。

天下の人々のうちで、鬼神を見たり聞いたりしたものは、数えきれぬほどある。もし多数の人々が共に見、共に聞いた例をあげるならば、昔の杜伯[111]の場合などがそれである。周の宣王[112]は、その臣下の杜伯を殺したが、それは無実の罪によるものであった。そのとき杜伯は、「わが君は自分を殺そうとされるが、それは無実の罪である。もし死者に霊の働きがなければそれまでであるが、もし死者にして霊の働きがあれば、三年を出ないうちに、必ずわが君をしてこの事実を思い知らせよう」といった。

その後、三年たち、周の宣王は諸侯一同を引きつれて、畑地において狩りをした。その時の狩り車は数百台、徒卒は数千人にのぼり、野に満つるありさまであった。ちょうど昼頃になったとき、杜伯が白馬のひく白木の車に乗り、朱色の衣冠をつけ、朱色の弓を手にし、朱色の矢を脇ばさみ、周の宣王を追いかけ、車上に向って射かけた。すると矢が宣王の胸に命中し、脊骨を折り、車中に倒れ、弓袋の上に伏して死んだ。

この時にあたって、周国の人々のうちで宣王に従っていたもので、これを目撃しないものはなく、遠方にいたものでこれを聞かないものはなかった。そのことは周の春秋にも記載されている。[113]君たる者はこのことを臣下に教え、父たる者はこれを子に伝えて戒め、「戒めよ、慎めよ。すべて罪なき者を殺せば、必ず不祥にあうものである。鬼神の誅罰は、このように迅速であるぞ」という。この春秋の書に記された内容から見るならば、鬼神が存在することは、どうして疑うことができようか。

しかも、この書の記事だけがそうであるばかりではない。むかし秦の穆《ぼく》公[114]が、かつて白昼の、しかも日中の頃に、祖先の廟にいたところ、神が門から入って左方に立った。それは人面鳥身で、白衣に黒いふちどりをしたものをまとい、いかめしい顔かたちをしていた。秦の穆公はこれを見て恐れおののき、走り逃げようとした。すると神は「恐れる必要はない。天帝は汝の明徳をよみせられ、汝に十九年の寿命を賜るよう、自分に命じられたのである。必ず汝の国を繁栄させ、子孫も栄えて絶ゆることなく、秦国を失うことはないであろう」といった。そこで穆公も再拝稽首して「恐れながら神の御名を承りたく存じます」というと、神は「自分は句芒《こうぼう》[115]である」と答えた。もし秦の穆公が身をもって見た事実を根拠とするならば、鬼神の存在することは、どうして疑うことができようか。

ひとり、この書の記事がそうなっているばかりではない。むかし燕の簡公(116)は、その臣下の荘子儀を殺したが、それは無実の罪によるものであった。そのとき荘子儀は「わが君は自分を殺そうとされるが、それは無実の罪である。もし死者に霊の働きがなければそれまでであるが、もし死者にして霊の働きがあれば、三年を出ないうちに、必ずわが君をしてこの事実を思い知らせよう」といった。

そののち一年たち、燕の国では、祖の地に馬を馳せて向おうとしたことがある。元来、燕の国に祖があるのは(117)、斉国に社があり(118)、宋国に桑林があり(119)、楚国に雲夢《うんぼう》(120)があるようなものであって、いずれも男女が集合して遊び見物するところであった。日中になり、燕の簡公は祖に向う道に馬を走らせようとした。すると荘子儀があらわれ、朱色の杖をふりかぶって簡公をうち、これを車上に倒した。

この時にあたって、燕国の人々のうちで簡公に従っていた者で、これを目撃しないものはなかったし、遠方の者でこれを聞かないものはなかった。そのことは燕の春秋にも記載されている。諸侯はこのことを言い伝えて「すべて罪なき者を殺せば、必ず不祥にあうものである。鬼神の誅罰は、このように迅速であるぞ」といった。この書に記された内容から見るならば、鬼神の存在することは、どうして疑うことができようか。

ひとり、この書の記事がそうなっているばかりではない。むかし宋の文君鮑《ほう》(121)のとき、祝官の観辜《かんこ》という臣下があった。あるとき厲《れい》(122)の神の祭りをしていたところ、神が乗り移った巫《みこ》が木杖を手にして現われ、観辜に向って「観辜よ、これは何のざまだ。珪璧《たま》は定められた規格を満たさず、神酒や供物は清らかならず、犠牲は毛なみよからず肥え太ってもいない。しかも春秋冬夏の祭るべき時期を失っている。これは汝自らが為したことであるか。それとも汝の主人の鮑の為したことであるか」と告げた。そこで観辜は「鮑はまだ幼少で、むつきの中にありますから、鮑には関係ありませぬ。官を守る臣の私が一人でやったことでございます」と答えると、その巫は木杖をふりあげてこれを打ち、壇上に倒して殺した。

この時にあたって、宋国の人でこの場に居合わせた者で、これを目撃しないものはなかったし、遠方の者でこれを聞かないものはなかった。そのことは宋の春秋にも記載されている。諸侯はこのことを言い伝えて、「すべて祭祀を慎んで行なわぬ者に対しては、鬼神の誅罰は、このように迅速に下るものであるぞ」といった。この書に記された内容から見るならば、鬼神の存在することは、どうして疑うことができようか。

ひとり、この書の記事がそうなっているばかりではない。むかし斉の荘君(123)の臣に、王里国と中里徼《きょう》というものがあった。この二人は三年にわたって訴訟をしたけれども、裁判が決定しなかった。斉君は、この二人の双方を殺そうとすれば無実の罪に陥れる恐れがあり、といって双方を共に赦そうとすれば罪を見逃がす恐れがあるので、そこで両人に一匹の羊を出させ、斉の神社で盟《ちか》いをさせることにした。両人はこれを承知した。そこで溝を掘り、羊の首をはねて、その血をそそいだ。さて王里国の訴状を読み上げたが、別に異状なく終った。ところが中里徼の訴状を読んで半ばにも達しないうちに、羊が起きあがって中里徼にぶつかり、中里徼の足を折って、つまずき倒れさせた。(124) つづいて社の神が中里徼を打ち、これを盟いの場所に倒して殺してしまった。

この時にあたって、斉国の人でその場に居合せた者で、これを目撃しないものはなかったし、遠方の者でこれを聞かないものはなかった。そのことは斉の春秋にも記載されている。諸侯はこのことを言い伝えて、「すべて盟誓のときに真実を告げないものに対しては、鬼神の誅罰がこのように迅速に下るものであるぞ」といった。この書に記された内容から見るならば、鬼神の存在することは、どうして疑うことができようか。

この故に子墨子も次のように言われた。

深谷や広大な森林など、幽閑で人気のないところでも、行ないは正しくしなければならぬ。現に鬼神があって、これを監視しているからである。

ところが、いま無鬼を主張するものは、「衆人の耳目の感覚によって確めた真実というものは、疑問を断定する極め手となるには不十分である。天下の高士や君子たらんと欲する者が、衆人の耳目によって得た真実を信ずるのは、おかしいことではないか」という。

これに対して子墨子は次のように言われた。

もし衆人の耳目によって確めた真実が、信ずるに十分でなく、疑いを断決できぬとすると、昔の三代の聖王である堯舜禹湯文武の諸王ならば、規準の法とするに十分だとするのであろうか。これならば中等以上の人間は必ず「昔の三代の聖王ならば規準の法とするに十分だ」というであろう。もし昔の三代の聖王が規準の法とするに十分であるならば、しばらく溯って聖王の故事についてみよう。

むかし周の武王が、殷を攻めて紂王を誅したとき、殷の諸侯のそれぞれに、殷の祭祀を手分けして存続させた。王室と親しい同姓の諸侯には内祀、すなわちかれらの祖先にあたる王の廟の祭祀を司らせ、疏である異姓の諸侯には外祀、すなわち山川などの神々の祭祀を司らせた。これから見ると、武王は必ず鬼神が存在すると信じていたのであり、その故にこそ、殷を攻め紂王を誅したとき、諸侯に手分けしてその祭祀を存続させたのである。もし鬼神が存在しないとすれば、どうして手分けして祭らせることがあろうか。

武王だけが、ひとりそうであるばかりではない。上古の聖王は、その功ある者を賞するときには、必ずこれを祖先の廟において行ない、罪ある者を殺すときには、必ず社において行なった。祖先の廟において表賞を行なった理由は何か。それは賞賜の公平であることを報告するためである。社において殺戮を行なった理由は何か。それは罪の裁きが中正であることを報告するためである。

ひとり、この書の記事がそうなっているばかりではない。むかし虞[125]および夏殷周三代の聖王は、その始めて国を建て都を営むときに当っては、必ず国の中央にある壇場を選んで、そこに宗廟を立てた。また必ず樹木の生え茂っているところを選び、そこに叢社を立てた。そして国内の父兄のうちで慈愛孝心に富み善良な者を選んで、太祝や宗伯[126]に任命した。また六畜のうちで優れて肥えふとり、毛色の純粋なものを選んで、これを犠牲とした。また珪璧や琮璜《そうこう》[127]は、財政の程度に応じて品質を定め、必ず五穀の美しい黄色になったものを選んで、神酒や供物を造った。ただし、神酒と供物は年の豊凶に従って上下するのが例であった。

だから上古の聖王が天下を治めるにあたって、必ず鬼神を先にして人を後にするというのは、右のような事実をさしていうのである。したがって官府で道具を選ぶばあいにも、必ず鬼神のためのものを優先させるし、祭器や祭服はすべて官の府庫に秘蔵する。

太祝や宗伯などの神官は、すべて朝廷に居らせて私宅に帰らしめず、犠牲は昔の仲間と同居させない。かようにするのが上古の聖王の政治の仕方であった。

このように上古の聖王は、必ず鬼神が存在するものであるとし、その鬼神のために尽くすことが極めて厚いものがあった。それでもなお、後世の子孫がこれを知ることができなくなることを恐れたので、このことを竹帛に書して後世の子孫に伝え遺したのである。しかもなお、その竹帛が腐ったり虫ばんだりして絶滅し、子孫が読めなくなるのを恐れたので、これを槃盂《ばんう》(128)にきざみ、金石に刻して、念を押した。それでもまだ、後世の子孫が鬼神を恐れ敬うことを知らないで不祥を受けることを恐れたので、先王の書や、聖人の言葉をみると、わずか一尺の帛においても、あるいは一篇の書においても、何度も鬼神の存在することを語り、重ねた上にもこれを重ねている。これは何のためであるか。それだけ聖王が鬼神の存在を明らかにすることに熱心であったためである。ところが、いま無鬼を主張する者は、鬼神などというものは存在するはずがないという。これは聖王の努力されたことに反対するものである。聖王の努力に反対するということは、君子たる道ではあり得ない。

ところが、いま無鬼を主張する者は、「貴君は、先王の書や聖人の言葉を見ると、わずか一尺の帛においても、あるいは一篇の書においても、鬼神の存在することを語り、重ねた上にも重ねている、といわれるが、それではどのような書に、このようなことが見えているか」と問う。

これに対して子墨子は次のように言われた。

それは周書の大雅にある。大雅に「文王は上に在り、ああ天に昭《あら》わる。周は旧邦なりと雖《いえど》も、その命は維《こ》れ新たなり。有周の徳は顕《あき》らかならずや、天帝これに命ずるは時《よろ》しからずや。文王は陟降《のぼ》りて、天帝の左右に在り。穆穆《つつし》める文王は、令問《よきな》やまず」とある。(129)もし鬼神が存在しなければ、文王はすでに死んでいるのであるから、どうして天帝の左右にあることができようか。これ周書において、鬼神の存在を説いている例があることを知るのである。

しかし、周書だけに鬼神の存在を説いていて、商書に鬼神の存在を説いていなければ、まだ法とするには十分でないことになるであろう。では一度、さかのぼって商書について見よう。商書に「ああ古者《いにしえ》の有夏、未だ禍あらざる時に方《あた》りては、百獣貞虫《よろずのどうぶつ》、さては飛鳥に及ぶまで、方《みち》に比《した》がわざるはなし。いわんやこれ人面せるもの、なんぞ敢えて心を異にせんや。山川の鬼神も、また敢えて寧《やす》からざるはなし。もし能く共《うや》うやしくして允《まこと》ならば、これ天下をば合わせ、下土をば保《やす》んぜん」とある。(130)山川の鬼神が、すべて寧《やす》らかでないものはなかったというのは、鬼神が禹王の謀を助けていたからである。これ

商書において、鬼神の存在を説いている例があることを知るのである。

しかし、商書だけに鬼神の存在を説いていて、夏書に鬼神の存在を説いていなければ、まだ法とするに十分でないことになるであろう。では一度、さかのぼって夏書について見よう。禹誓[131]に「大いに甘の地[132]に戦う。王すなわち左右の六人に命じ、下りて誓いを中軍に聴かしむ。曰く、有扈《ゆうこ》氏[133]は五行《ごぎょう》を威侮《あなど》り、三正[134]を怠り棄てたり。天もってその命を勦絶《たちき》らしむと。また曰く、日中の頃、いま予《われ》は有扈氏と一日の命を争わんとす。かつ汝ら卿大夫および庶人よ、予はかの田野宝玉を欲するにはあらず。予は天の罰を恭行せんとするなり。左にあるもの左を攻《おさ》めず、右にあるもの右を治《おさ》めざるは、これ汝は命を共《つつ》しまざるなり。御《ぎょ》するもの、汝の馬を政《ただ》さざるは、これ汝は命を共《つつ》しまざるなり。ここをもて祖において賞し、社において僇《ころ》さん」とある[135]。祖廟において賞するのはなぜか。それは祖先の霊に、褒賞の命令を出すことが公平であることを示すためである。社において誅戮するのはなぜか。それは社の神に、裁判の中正であることを示すためである。もともと上古の聖王は、鬼神は必ず賢者を賞し、暴逆なる者を罰するものと信じていたから、賞するばあいには必ず祖廟で行ない、誅戮するばあいには必ず社で行なったのである。これ夏書において、鬼神の存在を説いている例があることを知るのである。

かようにして、古くは夏書より、下っては商書や周書に至るまで、鬼神の存在をしばしば語り、重ねた上にも重ねているのである。その理由は何であるか。それは聖王がこのことを説くのに努力したからである。これらの書に説くところを見れば、鬼神の存在はどうして疑うことができようか。

さらに上古の言葉にも、「丁卯《ていぼう》の吉日に、周王は万民に代りて、社および四方の神を祀り、祖先の霊に歳ごとの祭りをささげ、もって年寿を延ばす」とある。もし鬼神が存在しないとすれば、寿命を延ばすといったことができるはずはあるまい。

この故に子墨子は次のように言われた。

鬼神がよく賢者を賞し、暴逆なる者を罰するということは、もともと国家や万民を場として行なわれるものであり、まことに国家を治め、万民を利する道である。だから官吏が役所の事務をとるのに廉潔でなく、また男女が別を乱すような場合には、鬼神はこれを見て知っているのである。また民のうちで、乱暴騒乱をおこし、盗賊を働き、兵刃毒薬水火などを凶器とし、罪なき人を道路に待ちかまえ、他人の車馬衣服を奪って自分の利を計る者があれば、鬼神はこれを見て知っているのである。このために、官吏で役所の事務をとる者は廉潔ならざるを得ないし、また善行あるものを見れば賞せざるを得ず、悪逆の行ないあるものを見れば罰せずにいられないことになる。また民のうちで、乱暴騒乱をおこし、盗賊を働き、兵刃毒薬水火などを凶器とし、罪なき人を道路に待ちかまえ、車馬衣服を奪って自分の利を計ろうとする者は、鬼神を恐れてその行為をやめるようになる。このために天下は治まるのである。

だから鬼神の明知というものは、たとえ人気のない大沢山林深谷にいるからといって、これをくらますことはできない。また鬼神の罰に対しては、たとえ富貴や、多勢をたのむ勢力、勇力強武の気、堅固な甲冑や鋭利な武器があったとしても、これを頼みとすることはできない。鬼神の罰は、必ずこれに勝つものである。

もし、そうでないというならば、次のような例をあげよう。むかし夏の桀王は、身は天子の貴きにあり、富は天下を有しながら、上は天をそしり、鬼をあなどり、下は天下の万民を殺戮した(136)。そこで天帝は殷の湯王に命じ、厳明なる罰を下すことになった。湯王は九十輛の車をひきい、鳥がたの陣形をしき、鴈行して進んだ。湯王は大賛の地に登り、夏の軍勢を撃破して追い散らし、ついに都の近郊の地まで押しよせ、王は手ずから推哆《すいし》大戯《たいぎ》を捕えた。だから、かの夏の桀王のように、身は天子の貴きにあり、富は天下を有し、その下には推哆大戯という。兕《じ》や虎を生きながらにして裂く力のある豪傑を召し抱え、指図のままに人を殺すことができ、人民の多いことは兆億にも達し、山や沢にまで満ちあふれるほどであったが、しかもこれをもって鬼神の誅罰を防ぐことができなかった。これ自分が、鬼神の誅罰に対しては、たとえ富貴や、多勢の力、勇力強武の気、堅固な甲冑や鋭利な武器があったとしても、これを頼みとすることはできない、という理由である。

これだけではない。むかし殷の紂王は、身は天子の貴きにあり、富は天下を有しながら、上は天をそしり鬼をあなどり、下は天下の万民を殺戮した。老人を見棄て、幼児を殺害し、罪なき者を火あぶりにし、妊婦の腹を裂き開いたりなどしたので、老人や身寄りのない者たちは泣き叫んで悲しんだけれども、告げるところもない有様であった。そこで天帝は武王に命じて厳明な罰を下させることになった。武王は百輛の兵車と勇猛な兵卒四百人を選りすぐり[137]、殷の軍勢と牧の地に戦った。武王は手ずから費中と悪来《おらい》の二人を捕虜にしたので、部下の兵はみな敗走した。武王は勢に乗じて紂の王宮に馳せ入り[138]、紂王を捕え、その首を斬り、これを赤い車輪につなぎ、白旗の上にかかげ、天下の諸侯への見せしめとした。このように昔の殷の紂王は、身は天子の尊きにあり、富は天下を有し、勇武強力の臣である費中・悪来《おらい》・崇侯《すうこう》虎を従え、意のままに人を殺すことができ、人民の多いことは兆億にも達し、山や沢にまで満ちあふれるほどであったが、しかもこれをもって鬼神の誅罰を防ぐことはできなかった。これ自分が、鬼神の罰に対しては、たとえ富貴や、多勢の力、勇力強武の気、堅固な甲冑や鋭利な武器があったとしても、これを頼みとすることはできない、というゆえんである。

その上、禽艾《きんがい》も(139)「神の福は、いかなる小事も小とすることなく、神の罰は、一族を滅する大事をも大とすることなし」といっているが、(140)これは鬼神の賞は、それがいかに小さな善事であっても、必ずこれに授けられ、鬼神の罰は、それがいかに大きい罰であっても、必ずこれを下すことを言ったものである。

ところが、いま無鬼を主張するものは「鬼神の存在を信ずることは、親のための利益とならず、孝子たることの妨げになるのではないか」という。

子墨子は次のように言われた。

今も昔も、鬼とよぶものは、次のものにほかならぬ。天鬼があり、また山水の鬼神があり、また人が死んでなった鬼がある。

いま人鬼について述べよう。いま世の中では、子が父に先立って死ぬこともあり、弟が兄に先立って死ぬこともある。しかし、そういうことはあるにしても、世のならわしからいえば、先に生まれた者が先に死ぬ道理である。もしそうだとすれば、先に死ぬ者は、父でなければ母であり、兄でなければ姉である。今もし清らかな神酒や供物を進めて、敬い慎んで祭祀をしたとしよう。もし鬼神がまことに存在するとすれば、これはその父母や兄姉を迎え得て、飲食させるということになる。とすれば、これを厚く利することになるのではないか。

もし鬼神がまことに存在しないものならば、せっかくつくった神酒や供物などの財物を消費することになるであろう。しかしながら、たとえ消費するといっても、それは溝や川に棄ててしまうのと事情が違う。内は一族の者たち、外は郷里の人々が、ともどもにこれを飲食することができる。してみれば、たとえ鬼神がまことに存在しないとしても、多勢の人を集めて交歓し、郷里の親睦をはかることができるわけである。

ところが、いま無鬼を主張するものは、「鬼神はまことに存在しないものである。だから神酒供物や犠牲などの財物を供えないまでだ。自分は何も神酒供物や犠牲などの財物を惜しむわけではない。供えたところで、何の得るところがあろうか」という。このような態度は、上は聖王の書にそむくものであり、内にあっては仁人孝子の行ないに反するものである。このような態度で、天下の上士たろうと思っても、それは上士たる道ではあり得ない。

この故に子墨子も次のように言われた。

いま自分が祭祀をするのは、単に神酒や供物を溝川に棄てるためではない。上はもって鬼神の福にあずかり、下はもって多勢の人を集めて交歓し、郷里の親睦をはかるためである。もし鬼神というものが実在すれば、これは我が父母兄姉を迎え得て、これに食物を供することができるのである。これは天下を利することではないか。

だから子墨子は次のように言われた。

いま天下の王公大人や士君子は、もしまことに天下の利を興し、天下の害を除こうと願うならば、鬼神の存在ということは、これを尊び、明らかにしなくてはならぬ。

非楽篇(141)

子墨子は次のように言われた。

仁者の任務は、必ず天下の利を興し、天下の害を除くように努力し、天下に基準となる法則をうち立てようとすることにある。したがって人に利のあることは直ちにこれを行ない、人に不利なることは直ちに止めなければならぬ。そもそも仁者が天下のために計るのは、目で見て美しいことや、耳で聞いて楽しいことや、口に美味であることや、身体に安楽であることのためにするのではない。このようなことによって民の衣食の財を損じ奪うことは、仁者のなさないところである。

だから子墨子が音楽を非とするのは、大鐘・鳴鼓・琴瑟・竽笙《うしょう》の音が楽しくないとするのではない。また彫刻・色彩・模様の色が美しくないとするのでもない。牛羊や犬豚の焼いたり炙《あぶ》ったりしたものが美味でないとするわけでもない。高い台閣や、荘大な邸宅、奥深い家が居心地よいとしないわけでもない。身は居心地のよさを知り、口は味のよさを知り、目は美しさを知り、耳は楽しさを知っているのである。しかしながら、これを考えてみるに、上は聖王のなす事にかなわず、下は万民の利にかなわぬ事柄である。この故にこそ、子墨子は、音楽を奏することは非なりと言われるのである。

いま王公大人は、ひたすら楽器を造ることに専念し、これが国家の事業であるかのように考えている。しかし楽器というものは、たまり水から汲み取ったり、土くれから取って造れるものではない。どうしても万民から重い租税を取り、これによって大鐘・鳴鼓・琴瑟・竽笙などの楽器を造るよりほかはないのである。

上古の聖王といえども、やはり万民から重い租税を取り、これによって舟や車を造った。そして出来あがると、「これはどこに用いようか。舟はこれを水に用い、車はこれを陸に用いよう。そうすれば、君子は足を休めることができるし、小人は肩や背を休ませることができよう」といった。だから万民も財を出し、これを聖王のもとに持参して提供し、少しも恨みに思うものはなかった。その理由は何か。その財を出すことが、かえって民の利にかなっていたからである。とすれば、もし楽器を作ることがかえって民の利にかなうこと、これと同様であるとすれば、自分もこれに反対はしないであろう。いいかえれば、もし楽器を造ることが、あたかも聖王が舟車を造るのと同様であるとするならば、自分はこれに反対しないのである。

いったい民には三つの患いがある。飢える者が食を得ず、こごえる者が衣を得ず、労苦する者が休息を得ないことであって、この三つは民の大患である。このような民のために、大鐘をついたり、鳴鼓を打ったり、琴瑟を弾じたり、竽笙を吹いたり、干戚をふりかざして舞ったりしたところで、民の衣食の財はここに求め得られるであろうか。自分は必ずしもそうは考えないのである。

それはさておいても、今の世には大国が小国を攻め、大家が小家を伐つということが行なわれ、強者は弱者をおびやかし、多数が少数に横暴し、姦智ある者が愚者を欺き、貴人が賤人におごり、暴動や盗賊が一斉に起って、これを禁圧できぬありさまである。このような時にあたって、大鐘をついたり、鳴鼓を打ったり、琴瑟を弾じたり、竽笙を吹いたり、干戚をふりかざして舞ったりしたところで、天下の乱はこれによって治め得られるであろうか。自分は必ずしもそうは考えないのである。

この故に子墨子は次のように言われた。

いま試みに万民から厚く租税を取り、大鐘・鳴鼓・琴瑟・竽笙などの楽器を作り、これによって天下の利を興し、天下の害を除こうと願ったとしても、それは所詮、無益であろう。

この故にこそ、子墨子は、音楽を奏することは非なりと言われるのである。

いま王公大人は高い台閣や荘大な邸宅にいて、ただ楽器を眺めているだけでは、鐘はその形が鼎をうつぶせにしたのに似ているだけで、一向につまらないのであるから、これをつき鳴らさなければ、何の楽しみも得られない。したがって、どうしてもつき鳴らさなければならぬことになる。つき鳴らすということになれば、どうしても老人や子供にやらすわけにはいかない。老人や子供は、耳目の働きが十分でなく、手足の働きが敏捷強健でなく、声に調和がなく、目の使い方が自在でないからである。すると、どうしても壮年の者を使わなければならず、その耳目の働きがよくて、手足が敏捷強健で、声が調和し、目の使い方が自在なのを利用しなければならない。もし壮年の男を使うということになると、その耕作や植付けの時をなくさせることになり、もし婦人を使うと、その紡績や機織りの仕事をやめさせることになる。それにもかかわらず、いま王公大人は、ひたすら音楽に熱中して、民の衣食の財を損じ奪い、楽器をうち鳴らしているものが甚だ多い。この故にこそ、子墨子は、音楽を奏することは非なりと言われるのである。

ところで、いま大鐘・鳴鼓・琴瑟・竽笙などの楽器がそろっていても、王公大人だけがひっそり演奏させ、ひとりで聞いていたのでは、一向に楽しくないであろう。どうしても賤人とともに聞くか、それとも君子とともに聞くということになる。もし君子とともに聞くならば、君子の政治の事務をやめさせることになり、賤人とともに聞くならば、その仕事をやめさせることになる。それにもかかわらず、いま王公大人は、ひたすら音楽に熱中して、民の衣食の財を損じ奪い、楽器をうち鳴らしているものが甚だ多い。この故にこそ、子墨子は、音楽を奏することは非なりと言われるのである。

むかし斉の康公[142]は、万という楽舞を新しく作った。万の楽舞を演ずる者は、つつそでの衣を着るわけにはいかないし、ぬかまじりの粗食をさせるわけにもいかぬ。飲食が上等でなければ、顔かたちも見られぬものになり、衣服が美しくなければ、身のこなしも見られたものにはならぬからである。だから、どうしても米肉の美食をとり、あやぬいとりの衣を着なければならないことになる。この連中はいつも衣食の財を作る仕事はしないで、いつも人に養われている者である。

この故に子墨子は次のように言われた。

いま王公大人は、ひたすら音楽に熱中し、民の衣食の財を損じ奪い、楽器をうち鳴らしているものが甚だ多い。

この故にこそ、子墨子は、音楽を奏することは非なりと言われるのである。

いま人間は、禽獣麋鹿《おおじか》や飛鳥貞虫《どうぶつ》とは本質的に異なったものである。禽獣麋鹿、飛鳥貞虫は羽毛をそのまま衣服とし、その蹄《あし》や爪をそのまま脛当《すねあ》てや屨《くつ》とし、自然のままの水草を飲食している。だから、たとえ雄が耕作や植付けをしなくとも、また雌が紡績や機織りをしなくとも、衣食の財は始めから備わっているのである。ところが、人間はこれとは異なる。その力を働かすものは生きることができるし、その力を働かさないものは生きることができない。もし君子が政治に努力しなければ、法による秩序は乱れ、賤人が仕事に努力しなければ、財用は足らなくなる。

いま天下の士君子が、もし自分の言を誤っているというならば、しばらく天下の分業[143]という事実をあげて、音楽の害を明らかにしたいと思う。

王公大人が朝早く起きて朝廷に臨み、おそくなって退出し、訴訟をさばき政務をとるのは、かれらにあたえられた職分である。士君子が手足の力を尽くし、その思慮の働きを尽くして、内は役所の事務を治め、外は関所・市場の賦税や山林沢梁からの[144]利を収めて、国家の米倉や倉庫をみたすことは、かれらにあたえられた職分である。農夫が朝早く家を出て、日暮れに帰り、耕作したり植付けしたりして、豆や粟を多く収穫することは、かれらにあたえられた職分である。婦人が早く起きて夜おそく寝《い》ね、紡績したり機を織ったりして、麻糸葛緒[145]に加工して布帛を織りあげるのは、その職分である。

ところが、もし王公大人たるものが、音楽を喜んで聞いてばかりいれば、早く朝廷に臨んで、おそく退出するということがなくなり、訴訟を裁いたり政務を治めたりすることができなくなる。このために国家は乱れ、社稷は危うくなるのである。また士君子が音楽を喜んで聞くならば、その手足の力を尽くしたり思慮の働きを尽くしたりして、内は役所の事務を治め、外は関所・市場の賦税や山林沢梁の利を収めて、国家の米倉や倉庫をみたすということが、必ずできなくなるであろう。このために米倉や倉庫が、みたされないのである。また農夫が音楽を喜んで聞くならば、朝早く家を出て日暮れに帰り、耕作や植付けをし、豆や粟を多く収穫することが、必ずできなくなるであろう。このために豆や粟が不足するのである。また婦人が音楽を喜んで聞くならば、早く起きて夜おそく寝ね、紡績したり機を織ったりして、麻糸葛緒に加工して布帛を織りあげることは、必ずできなくなるであろう。このため布帛が多くならないのである。

それでは、何がこのように大人に政務を治めさせないようにし、賤人に仕事をさせないようにするのか。それは音楽である。この故にこそ、子墨子は、音楽を奏することは非なりと言われるのである。

それでは、何にもとづいてこれを知るか。先王の書である湯王の官刑に、次のような言葉がある。「家の内で、いつも歌舞することは、これを名づけて巫風[146]という。このような行為に対する刑罰として、君子のばあいは、糸二衛[147]を出させる。小人のばあいは、この限りでない[148]。」さてまた、「舞うこと洋々として甚だ盛んに、その歌の言葉は甚だ明らかに聞ゆ。されど上帝は、これを佑助したまわずして、九州もって亡びたり。上帝ここれを肯《うべ》ないたまわず、これに百の不祥を降したまい、その家必ず壊れほろびん」という。(149)この九州の亡びた原因を察すると、いたずらに音楽を盛んにしたためにほかならない。

また武観(150)を責めた言葉に、「啓の子なる武観は、淫逸にして歓楽を貪ぼり、野外において飲食の宴をなせり。笛や磬《けい》の楽器をおしならべ、酒によいしれ、野に宴を楽しみたり。万の舞(151)は翼翼《さかん》にして、あきらかに天に聞ゆ。天これをよしとして用いたまわず」とある。(152)このように音楽を奏することは、上は天鬼これを善しとして用いず、下は万民に利のないものである。

この故に子墨子は次のように言われた。

いま天下の士君子で、まことに天下の利を興し、天下の利を除くことを願うならば、音楽といったようなものは、禁止しなければならないのである。

非命篇（上）[153]

子墨子は次のように言われた。

いま王公大人で、国家において政治を執っているものは、みな国家の富むことと、人民の多いことと、法による秩序の治まることを願っている。それにもかかわらず、富を得ないで貧を得、多きを得ないで少なきを得、治まることを得ないで乱を得ているのは、何故であろうか。

子墨子は次のように言われた。

それは運命の存在を信ずる者が、民間に多くまじっているからである。運命の存在を信ずる者は、「富むべき宿命をもつものは富み、貧乏の宿命をもつものは貧しく、人口の少ないという宿命をもつ国は人口が少なく、治安がよくなる宿命をもつ国は治安がよくなり、乱れる宿命をもつ国は乱れ、長寿する宿命をもつ人間は長寿し、若死にする宿命をもつ人間は若死にする。命というものに対しては、いかに努力してみても何の益があろうか」という。そして、このような議論をもって、上は王公大人に説き、下は庶民の仕事を妨げている。したがって運命の存在を主張する者は、不仁の人間であるというべきである。その故に、運命論者の主張については、その誤りを明らかにしておく必要がある。それでは、その誤りを明らかにするには、どうすればよいか。

子墨子は次のように言われた。

議論をするばあいには、前もって一定の基準を立てておく必要がある。議論するばあいに一定の基準がないのは、あたかも回転する轆轤《ろくろ》台の上に日時計を立てて、朝夕の時間を計ろうとするようなものであり、いずれが是か非か、利か害かを明らかにすることはできない。したがって、議論するためには三つの表《しるし》(154)、すなわち三つの基準が必要である。その三つの表とは何か。

子墨子は次のように言われた。

それは、これを本《もと》づけることと、これを原《たず》ねることと、これを用いることとである。それでは何に本《もと》づけるのであるか。それは上古の聖王の事蹟に本づけるのである。何に原《たず》ねるのであるか。それは下、庶民の耳目によって確かめた事実を原《たず》ね察するのである。何に用いるのか。それは、これを政治制度の上に運用してみて、国家人民の利にかなうか否かを、確かめてみるのである。これが、議論に三つの基準があるということである。

ところで、いま天下の士君子のうちには、運命が存在するとする者がある。試みに、さかのぼって聖王の事蹟についてみよう。むかし、夏の桀王が乱したあとを、湯王がこれを受けついで、これを治めた。また殷の紂王が乱したあとを、武帝がこれを受けついで、これを治めた。この二つのことについて見ると、いずれも同時代の出来事であり、同じ人民が生きていた時の出来事である。ところが桀王や紂王のばあいには天下が乱れ、湯王や武王のばあいには天下が治まった。してみれば、治乱は人によるのであって、運命が存在するとは言えないであろう。

しかしそれでもなお、いま天下の士君子のうちには、運命が存在するとする者がある。試みに、さかのぼって先王の書についてみよう。先王の書において、国家から発して、一般人民に公布するところのものは、憲《のり》すなわち法である。先王の憲のうちで、「福は神に請うても得られないものであり、禍は避けようとしても避けられないものである。したがって恭敬の徳を行なっても、別段に福を益すわけでもなく、乱暴を働いたところで、福を傷つけるわけでもない」などといっているものが、はたしてあるであろうか。また訴訟を裁き、罪を決定するものは刑書である。先王の刑書のうちに「福は神に請うても得られないものであり、禍は避けようとしても避けられないものである。したがって恭敬の徳を行なっても、別段に福を益すわけでもなく、乱暴を働いたところで、福を傷つけるわけでもない」などといっているものが、はたしてあるであろうか。また軍隊を整え設け、将兵の進退を決定するものは誓い[155]である。先王の誓いの言葉のうちに「福は神に請うても得られないものであり、禍は避けようとしても避けられないものである。したがって恭敬の徳を行なっても、別に福を益すわけでもなく、乱暴を働いたところで、福を傷つけるわけでもない」などといっているものが、はたしてあるであろうか。

この故に子墨子は次のように言われた。

自分はまだ一々数えつくしているわけではないが、天下の良書は数えつくせぬほどある。しかし大体からいえば、さきの先王の憲と刑と誓との三書は、まことに良書であるといえる。ところが、この三書のうちに運命論者の言葉をいくら探してみても、どこにも発見することができない。してみれば、その説は誤っていることになるではないか。

いま運命論者の主張は、天下の義《ただ》しい道を覆えそうとするものである。天下の義を覆えすものは、運命論を唱える者であり、万民の心を憂えさせる者である。万民の憂えることを喜ぶ者は、天下の人を滅ぼすものにほかならぬ。

それでは、いわゆる義人が上にあることが望ましいということは、どういうことであるか。それは、もし義人が上にあれば、天下は必ず治まり、上帝や山川鬼神は、その拠るべき祭主を得るのであり、万民はその大利を受けるからである。それは何によって知ることができるか。

子墨子は次のように言われた。

むかし殷の湯王が亳《はく》の地に封ぜられたとき、その土地のかたちを方形にして計算すると、わずか百里四方に過ぎなかったけれども、その人民とともに兼ねて相愛し、交《こも》ごも相利し、もし財が多ければ貧しい者に分けてやり、その万民をひきいて天帝を尊び、鬼神に仕えた。このため天帝鬼神はこれを富ませ、諸侯はこれに味方し、庶民はこれに親しみ、賢士はこれに帰した。その結果、湯王の一代を終えないうちに、天下の王者となり、諸侯を支配することができたのである。

また、むかし文王が岐周の地に封ぜられたとき、その土地を方形にして計算すると、わずか百里四方に過ぎなかったけれども、その人民とともに兼ねて相愛し、交《こも》ごも相利し、もし財が多ければ貧しい者に分けてやった。このため近くにいる者はその政治に安んじ、遠くにいる者はその徳に心をよせた。文王の名を聞く者は、みな立ち上がってそのもとに赴き、愚鈍な者や手足の不自由な者は、その家に止まりながらも、「何とかして文王の領地が自分の家まで拡がってほしいものだ。そうすれば自分も文王の領民と同じお蔭が蒙れるに違いない」と願った。このため天帝鬼神はこれを富ませ、諸侯はこれに味方し、庶民はこれに親しみ、賢士はこれに帰した。その結果、文王の一代を終えないうちに、天下の王者となり、諸侯を支配することができたのである。

自分がさきに「もし義人が上にあれば、天下は必ず治まり、上帝や山川鬼神は、その拠るべき祭主を得るのであり、万民はその大利を受ける」といったのは、右のような事実によるのである。

このため上古の聖王は、法令を発布して、賞罰の規定を設け、賢者が善をなすのを奨励し、愚者が暴逆をなすのを防いだ。その結果、家にあっては父母は慈にして子は孝に、そと郷里にあっては年長者と年少者との道を守り、居処出入に節度があり、男女の間にけじめがあった。またこのために、官府を守らせても盗みをしないし、城を守らせれば勢崩れて叛くことがなかった。君主に危難があれば、死をもってこれを助け、君主が亡命すれば、見送りして別れを惜しむのである。このような行為は、君主の賞するところであり、庶民がほめたたえるところである。

ところが運命論者は「上から賞を受けるのは、その人の運命がもともと賞を受けるように定められていたからであり、その行為が優れているために賞せられるのではない」という。このような考え方をもつと、家にあっては父母は慈でなく子は不孝となり、そと郷里にあっては年長者と年少者との道が守られず、居処出入に節度がなく、男女の間にけじめがなくなる。またこのために、官府を守らせれば盗みをなし、城を守らせれば勢崩れて叛きやすい。君主に危難があるときにも、死をもってこれを助けることがなく、君主が亡命すれば、見送りさえもしない。このような行為は、君主の罰するところであり、庶民がそしるところである。

また運命論者は「上から罰を受けるのは、その人の運命がもともと罰を受けるように定められていたからであり、その行為が暴逆であるために罰せられるのではない」という。もしこのような考え方をもつと、君主となっては不義となり、臣となっては不忠となり、父としては不慈となり、子としては不孝となり、兄としては兄らしくなく、弟としては弟らしくなくなるであろう。それにもかかわらず、あくまでもこの運命論を固執しようとすることは、凶悪な言葉を生み出す根源となるだけであり、暴人の道にほかならない。

それでは、なぜ運命の存在を信ずることが暴人の道であるのを知るのか。

むかし上世の貧民は、飲食を貪るだけで、仕事をすることを怠った。このために衣食の財が足らず、飢えの苦しみと寒さに凍えることとが、こもごも至るというありさまであった。しかも「自分が愚鈍で、仕事にはげまないからだ」と言わずに、常に「自分の運命がもともと貧苦に生まれついているのだ」と言うのである。

また、むかし上世の暴王は、耳目の欲の過度と、心情の邪悪さに打ちかつことができず、また父母の教えに従わなかったために、ついに国家を亡ぼし失い、社稷を傾け覆したのである。しかも「自分が愚鈍で、政治のしかたが善くなかった」とは言わないで、常に「自分の運命がもともと国家を失うように定められているのだ」と言うのである。

また仲虺之《ちゅうきし》告《こく》には(156)「われ聞けり。夏王は天命を矯《いつ》わり、われ命を受けたりと下々に布告せり。天帝これを憎み、もってその師《もろびと》を失わしむ」とある。これは湯王が、桀王の運命論の主張を否定したことを言ったものである。また太誓には(157)「紂は傲慢にして、あえて上帝鬼神に仕えず。その祖先および神祇を棄てて祀らず。すなわち曰く、われ民を有するは、天命あるによるなり、と。かくて、その民を侮辱することにのみ務む。天帝また紂を見棄てて保護することなし」と見えている。これは周の武王が、紂王の運命論の主張を否認したことを言ったものである。

いまもし運命論を主張する者の意見を用いるならば、上の者は政治を怠ってなさず、下の者は仕事に従わなくなる。上の者が政治をしなければ、秩序が乱れ、下の者が仕事をしなければ、財用が足らなくなる。またその結果として、上は供物や神酒を進めて上帝鬼神を祭祀することができなくなり、下は天下の賢良を養い安んずることができず、外は諸侯の賓客を接待することができなくなり、内は飢え凍える者に衣食をあたえ、老弱を養うことができなくなる。

だから運命の存在を信ずることは、上は天を利せず、中は鬼を利せず、下は人を利しないものである。それにもかかわらず、あくまでも運命論を固執しようとすることは、凶悪な言葉を生み出す根源となるだけであり、暴人の道にほかならない。

この故に子墨子は次のように言われた。

いま天下の士君子は、もしまことに天下の富むことを願い、その貧しきを憎み、天下の治まることを願い、その乱れるを憎むならば、運命論者の主張を否定しなければならぬ。なぜなら、それは天下に大害をなすものであるからである。

非命篇（下）

子墨子は次のように言われた。

およそ議論をするばあいには、必ずまず一定の基準を立ててから話さなければならない。もし先に基準を立てないで議論するならば、あたかも日時計を回転する轆轤《ろくろ》台の上に立てて朝夕を計るようなもので、そのような方法によって定めた朝夕の時間は、とても信用して従うことはできないであろう。

そこで、議論するには三つの法、すなわち基準がある。三つの法とは何か。これを考えること、これを原《たず》ねること、これを用いることである。考えるというのは、何を参考にすることであるか。それは上古の聖王の事蹟を参考にすることである。原《たず》ねるというのは、何に原ねるのであるか。それは衆人の耳目が経験した事実を考察することである。用いるというのは、何に用いるのか。それは、国家万民に対する政治に適用してみて、これを観察することである。これを三法というのである。

むかし三代の聖王である禹湯文武が、天下に政治を布いたときに、「必ず孝子を表彰して、親に仕える道を奨励し、賢良の人物を尊んで、善をなすことを教えよ」と述べた。この故に、その政教を出だすときには、必ず善を賞し暴を罰した。そして、このようにすれば、天下の乱も必ず治めることができるであろうし、社稷の危険も必ずこれを除き安定させることができるであろうと考えた。

もしこの考え方に従わないならば、次のような事実をあげよう。むかし夏の桀王が乱した世を、湯王がこれを治めた。殷の紂王が乱した世を、武王がこれを治めた。この二つの事は、それぞれ同時代の出来事であり、同じ人民が生きていた時の出来事である。それにもかかわらず、上の君主が政治を変えると、人民の気風も改まったのである。すなわち桀紂が政治をすると天下が乱れ、湯武が政治をすると天下が治まったのである。してみれば天下の治まったのは湯武の力によるものであり、天下の乱れたのは桀紂の罪によるものである。もしこれによってみるならば、安危治乱というものは君主の政治によって決定されるものであり、運命によるとは言えないであろう。

また、むかし禹湯文武が天下に政治をしていたとき、「必ず飢える者が食を得、凍える者が衣を得、労苦する者が休息を得、乱れる者が治を得るようにさせよう」といい、ついに天下に栄誉と名声を獲得することができた。これはその運命によるものと言えようか。もとよりその努力によって得た結果である。

いま賢良の人は、賢者を尊び、道徳を治め、これによって上は王公大人の賞を得、下は万民の賛美を得、ついに天下に栄誉と名声とを獲得している。これまた、その運命によるものと言えようか。もとよりその努力によって得た結果である。

かように見てくると、運命の存在を主張したのは、上古三代の聖人善人であったか、それとも上古三代の暴人愚者であったであろうか。以上の事実を本にすれば、それは明らかに上古三代の聖人善人でなくて、暴人愚者であったのである。

ところで、運命が存在すると主張したのは、むかし三代の暴王である桀紂幽厲であるが、かれらは耳目の欲望を正そうともせず、その心情の邪悪のままに従った。外にあっては馬を馳せて狩猟し、網やいぐるみで鳥を捕え、内にあっては酒や音楽に耽溺して、その国家人民の政治を省みず、さかんに無用の事業を起して、万民に暴虐を加え、ついにその宗廟を失った。しかもかれらは「自分は愚鈍であった、自分は政治に努めなかった」とは言わないで、必ず「自分の運命がこれを亡《うしな》うように定められていたのだ」というのである。

この点では、むかし三代の愚鈍の民も、全く同様である。父母や君長によく仕えることができず、慎しみ深さを甚だしく憎み、簡易《おろそか》なことを好み、飲食を貪って仕事を怠った。そのため衣食の財が足らなくなり、身は飢えに苦しみ寒さに凍えることになった。しかも「自分は愚鈍であった、自分は仕事に努力しなかった」とは言わないで、必ず「自分の運命が貧窮するように定められていたのだ」というのである。むかし三代の貧窮の民も、これと全く同様である。

この運命論というものは、昔の暴王がこれを創作し、困窮の民がこれを祖述したものである。いずれもみな素朴な民衆を惑わせるものにほかならない。

先王聖人は、つとにこの運命論の弊害を患《うれ》えた。そこでこれを竹帛に書し、これを金石に刻し、これを槃盂《ばんう》(159)にきざみ、後世の子孫に伝え遺したのである。それは、どのような書に遺されているか。禹王の総徳の書(160)に、「まことに著《あき》らかならずやこれ天、民これを保《たも》つことあたわず。その凶心を防ぐことなければ、天これに咎めを加えん。その徳を慎まざれば、天命いずくにか保たん」とある。また仲虺之告《ちゅうきのこう》(161)に「われ聞けり。夏王は天命を矯《いつ》わり、われ命を受けたりと、下々に布告せり。天帝これを憎み、もってその師《もろびと》を失わしむ」とある。かれ夏の桀王は、天命が存在しないのに、存在するとしたから、「矯《いつ》わる」といったのである。もし存在するものを存在するといったのであれば、どうして「矯わる」と言おうか。かようにむかし桀王が運命論を唱えて行動したのに対して、湯王は仲虺之告を作って、これを否定したのである。

また太誓のうちに、太子発(162)の言葉をのせて、「ああ君子よ。天は顕らかなる徳あり、その行ないは甚だ章《あき》らかなり。鑑《かがみ》は遠からず、かの殷王にあり。人に命ありといい、敬《うや》まいは行なうべからずといい、祭りは無益なりといい、暴するも傷つくるなしという。上帝、殷王を佑《たす》けたまわず、九州もって亡ぶ。上帝、殷王の悪徳に順《したが》いたまわず、その命を断ち、罰を降して滅亡せしむ。これわが周の王朝は、殷より位を引きつげり」とある。かように、むかし紂王が運命論を唱えて行動したのに対して、武王は太誓を作って、これを否定したのである。

かようなわけであるから、一度さかのぼって虞夏殷周の記録を検討してみるがよい。十篇の書(163)より以前のものには、すべて運命の存在を説いたものはない。この事実を、いかに考えるか。

この故に子墨子は次のように言われた。

いま天下の君子が学問をしたり、議論をしたりするのは、その喉舌を運動させたり、口唇を働かせたりするためではない。まことに国家や村里のため、また万民の統治のためにせんと願うからである。いま王公大人が朝早く朝廷に出で、おそくなって始めて退出し、訴訟を聞いて裁き、政務を治め、朝から日中に至るまで怠るところがないのは、何のためであるか。それはかれらが、努力すれば必ず治まり、努力しなければ必ず乱れ、努力すれば必ず安らかになり、努力しなければ必ず危くなると信じているからである。だから、あえて怠ることがないのである。

いま卿大夫が手足の力を尽くし、その思慮の働きを尽くして、内は官府を治め、外は関所や市場、山林沢梁[164]からの利を収めて、官の倉庫をみたそうとし、あえて怠らないのはなぜか。それは彼らが、努力すれば必ず貴くなり、努力しなければ必ず賤しくなり、努力すれば必ず栄達することができ、努力しなければ必ず恥辱を受けると信じているからである。だからこそ、あえて怠ることがないのである。

いま農夫が早く家を出で、日が暮れて家に帰り、耕作や植付けに努力し、多くの豆や粟を収穫し、あえて怠ることがないのはなぜか。それはかれらが、努力すれば必ず富み、努力しなければ必ず貧しく、努力すれば必ず飽食することができ、努力しなければ必ず飢えると信じているからである。だからこそ、あえて怠ることがないのである。

いま婦人が早く起きて夜おそく寝《い》ね、紡績や機織りに努力し、多く麻糸葛緒[165]に加工して布帛を織りあげ、あえて怠ることがないのはなぜか。それは彼らが、努力すれば必ず富み、努力しなければ必ず貧しく、努力すれば必ず暖かにすることができ、努力しなければ寒さに凍えると信じているからである。だからこそ、あえて怠ることがないのである。

いま王公大人たるものが、もし運命の存在を信じ、これを実行の上に移すならば、必ず訴訟を聞いて裁いたり、政務を治めたりすることを怠るようになるであろう。また卿大夫は、必ず官府を治めることを怠るようになり、農夫は必ず耕作植付けを怠るようになり、婦人は必ず紡績や機織りを怠るようになるであろう。

もし王公大人が訴訟を裁き、政務を治めることを怠り、卿大夫が官府を治めることを怠るならば、自分は天下が必ず乱れるものと考える。もし農夫が耕作植付けを怠り、婦人が紡績や機織りを怠るならば、自分は天下の衣食の財が必ず不足するものと考える。もしこのような状態で、天下に政治を行なうならば、上は天帝鬼神に仕えても、天帝鬼神はこれを受けないであろうし、下は万民を養おうとしても、万民はこれを利として受け取らず、必ず離散してしまって、役使することができなくなるであろう。したがって、国内に入って守るばあいは、その守りは固くなく、出でて敵を誅しようとしても、勝つことはできない。むかし三代の暴王である桀紂幽厲が、その国家を亡失し、社稷を傾け覆したのは、すべてこの理由によるのである。

この故に子墨子は次のように言われた。

いま天下の士君子は、まことに天下の利を興し、天下の害を除こうと願うならば、運命論者の議論は、努めてこれを否定するようにしなければならぬ。なぜならば、運命というものは暴王が創作し、困窮の民が祖述したものであって、仁者の言うところではないからである。今の世において仁義を行なおうとする者が、明らかに察し、努めて排除しなければならぬものは、この運命論である。

非儒篇(166)

儒者は「親しい者に親しむにも、そこに差別がある。賢者を尊ぶにも、そこに等差がある」という。その意味は、人間には親と疏、尊と卑の区別があるということである。儒者の定めた礼によると、「死者の喪に服する場合、父母に対しては三年、妻および嫡長子に対しても三年、伯父・叔父・兄弟・庶子に対しては一年、母方の親戚に対しては五カ月、それぞれ喪に服する」とある。

もし親疏の差を歳月の数であらわすのであれば、親しい者のための服喪の歳月は長く、疏遠な者のための服喪は短いはずである。ところが妻および嫡長子と、父母とでは、服喪の期間が同じになっている。もし尊卑の差を歳月の数であらわすのであれば、これは、妻子と父母とを同じ尊さのものとしていることになる。また伯父や本家の兄と、卑しい庶子とを同一に扱っているのである。これほど大きな、さかさまごとはない。

また儒家の葬礼では、その親が死ぬと、遺体をそのまま陳列しておき、すぐには棺に入れず、あるいは屋上に登ったり、(167)井戸をのぞきこんだり、鼠の穴をほじくったり、洗い槽の中まで手でさぐったりして、その人の霊を探し求める。もし死んだ人間が本当に存在すると思っているのであれば、これほど馬鹿げたことはない。(168)もし存在していないことを承知の上で、義務として探すふりをするというのであれば、これほど大きい偽善はない。

また妻をめとる場合には、花壻《はなむこ》が自身で出迎えに行き、(169)黒い礼服を着て、馬車の馭者となり、手綱をとり、花嫁に車に登るための紐を渡してやるなど、まるで子が親に仕えるようなことをする。その婚礼の儀式は、まるで祖先の祭祀をするのとそっくりで、上下の関係を顚倒し、父母に背きもとることをする。これでは、父母は下って妻子と同様に扱われ、妻子は上って父母の位置を侵すことになろう。このような親への仕えかたは、果して孝といえるであろうか。

これに対して儒者は「妻を出迎えに行くのは、妻が先祖の祭祀を奉ずるものであるからであり、子は将来に先祖の宗廟を守るものであるから、これを重んずるのである」という。

これに対して答えよう。これは詭弁である。いま本家の長男は、その祖先の宗廟を数十年にわたって守っていても、死んだ場合には、これに対してわずかに一年の喪に服するに過ぎない。また兄弟の妻は、やはり先祖の祭祀を奉じているのに、死んだ場合には、これに対しては喪に服しない。ところが自分の妻子に対しては三年の喪に服するのであって、これでは妻子を重んずるのは祖先の廟を守り祭祀を奉ずるためであるとは決して言えないことになる。

また妻子のことばかり心配して大切にすることは、大きな誤ちを犯すことであるのに、かれらはまた「それは親を大切にしようと思うからである」という。私愛の対象である妻子を大切にするために、最も重んずべき親を軽んずることは、まことにけしからぬことではないか。

またかれらは、頑強に運命が存在することを主張して、「長寿や夭折、貧と富、安危や治乱などは、もともと天命によって決定されているものであり、人力によって左右することはできない。困窮と栄達、賞と罰、幸と不幸とは、人間の智慧や能力では、どうすることもできないものである」と説いている。もし、このような説を官吏が信ずるならば、その職分を怠るであろうし、庶民がこれを信ずるならば、その仕事を怠るようになるであろう。官吏が職分を治めなければ政治が乱れ、庶民が農業を怠れば国は貧しくなる道理である。貧しい上に乱れるということは、政治の根本に叛くことである。しかも儒者はこの運命論を道とし教えとしているのは、天下の人を毒するものと言わなければならない。

その上、かれらは礼楽を繁雑にして飾りたてては、人々を奢侈にみちびき、服喪の期間を久しくして、うわべだけの悲しみを見せては、親を欺く。運命に安んじて仕事に勤めず、貧乏しても高潔だとして一向に平気である。最も大切な仕事を放棄して怠け、しかも平然としている。飲食ばかりを貪って仕事を怠り、飢えや寒さに迫られながら、これを抜け出そうともしない。その生活ぶりは、まるで乞食のようで、香鼠(170)のように食物を口の中に頬ばり、牡羊のように食物のありかを睨《ね》めまわし、見つけると猛猪のように突進する。君子がこれを笑うと、腹を立てて「ろくでなしの人間どもに、良儒のことがわかるものか」という。

かれらは、夏の間は麦などの穀物を物乞いして過ごすが、秋に五穀の収穫が終ると、葬式屋に早変りし、一族郎党をひきつれて飲食にありつく。数軒の葬式を手がければ、何とかやっていけるという状態である。かようにかれらは、人の家を当てにして腹を満たし、人の田野を当てにして飲食をつなぐ生活をしている。だから金持の家に死人があると、「これで衣食のもとが出来た」と大喜びをするのである。(171)

儒者はまた「昔の服を着て、昔の言葉を述べてこそ、始めて仁者になれる」という。これに答えて言おう。君のいう昔の服や言葉も、かつてはみな新しかったのである。昔の人は、昔の服を着て、昔の言葉を話していたが、だから君子であったとは言えまい。してみれば、君子でない者の服を着、君子でない者の言葉を話して、始めて仁者になれるという、矛盾したことになるではないか。

また儒者は「君子は古人に従うのみで、創作をしない」という。(172)これに答えて言おう。むかし羿《げい》(173)は始めて弓を作り、伃《ちょ》(174)は甲冑を作り、奚仲《けいちゅう》(175)は車を作り、巧垂(176)は舟を作った。とすれば、今の革細工の職人や鎧師《よろいし》・車大工は、古人に従うばかりで創作をしないのであるから、みな君子であり、羿・伃・奚仲・巧垂は、創作をしたのだから、みな小人だということになるではないか。その上、従い祖述するということは、必ずその前に創作した人間があるということであるから、もし創作する者が小人だというならば、その祖述する事柄はすべて小人の道であることになる。

また儒者は「君子は、たとえ勝っても、逃げる者は追わない。(177)また窮地に陥ったものには、矢を射かけない。敵が敗走するときには、手助けをして、その重い車をひいてやる」という。これに答えて言おう。もし双方ともに仁人であるならば、始めから敵対する道理がない。なぜならば、仁人は互いに是非や可否について話し合い、理由のない方は理由のある方に従い、知らない方は知っている方に従い、こちらに言い分がないときには相手に服従し、相手の方が善いと見れば必ずこれに従うのであるから、敵対の生ずる道理がない。もし双方ともが暴逆で、相争うような場合には、たとえ勝った方が逃げる者を追わず、窮地に陥ったものに矢を射かけず、敗走する者に手助けをして車をひいてやろうと思い、あらんかぎりの努力をしたとしても、なお君子であるとは言いがたい。なぜならば、乱暴残虐の国があった場合に、聖人が世のために害を除こうとして軍を起して誅罰を加え、すでに勝ちを制しながら、もし儒者の道に従って、「逃げる者は追うな。窮地に陥った者に矢を射かけるな。敗走する敵に手助けして車を押してやれ」と士卒に命令したとすると、これでは暴乱の人間が生きのびることになり、天下の害は除去されぬことになるからである。また、これでは群をなして父母に危害を加えるのと同様であり、世に深刻な害を及ぼすことになる。これより大なる不義の行為はないと言えよう。

また儒者は「君子は鐘のようなもので、これを打てば鳴るが、打たねば鳴らない[178]」という。これに答えて言おう。仁人というものは、君上に仕えては忠を尽くし、親に仕えては孝に務め、君や親に美点があれば賛美し、過失があれば諌める。これが人の臣たり、人の子たる道である。ところが、いまこれを打てば鳴るが、打たねば鳴らぬといった調子で、知っていることを隠し、力の出し惜しみをし、冷淡無関心で、これに問えば始めて答えるといった態度をとる。たとえ君や親にとって大利のあることであっても、問われなければ答えない。またもし大きな動乱や盗賊が起りかけて、あたかも鳥獣を一網打尽にする機械が動き始めているような危険な状態にあり、他人は知らないで自分だけが知っており、君や親が目の前にいるような場合でも、問われなければ答えない。このような人間は、まことに大乱をなす賊にほかならぬ。このような態度で人臣となれば不忠であり、子となれば不孝であり、兄に事《つか》えれば悌友でなく、人に交われば善良でないことになる。このような人間は、朝廷では人の先頭に立って物を言うことをしないのであるが、いったん自分の利益となることと見て取ると、人の後になることを恐れるかのように、先立って発言をするのである。君主が何か言われても、それが自分の利益にならぬことであれば、手をこまぬいたまま傍観し、口先に出かかったことでも喉の奥に呑みこみ、私は一向に存じませんと答える。緊急重大な事件が起れば、遠くへ素早く逃げ去るのである。

同じ道徳・学業・仁義であっても、今と昔とでは性質が異なる。昔は、大にしてはこれをもって人を治め、小にしてはこれをもって官に仕えた。遠くは道をあまねく推し及ぼし、近くはこれをもって身を修め、義に合わなければ居らず、理に合わなければ去らず、天下の利を興すことに務め、人の利にならぬことは中止する。これが昔の君子の道である。ところが今、聞くところの孔丘(179)の行為は、これとは反対で、矛盾している。

あるとき斉の景公[180]が晏子《あんし》[181]に向って、「孔子というのは、どのような人物であろうか」と問うたところ、晏子は答えなかった。景公がもう一度問うたけれども、晏子はまた答えなかった。そこで景公は「孔丘の言葉を自分に告げる者は多いが、だれもみな孔丘をもって賢人だとしている。ところが今、自分は君にそれを問うているのに、答えようとしないのは、どういうわけであるか」といった。すると晏子はこれに答えて、「私は不肖でございまして、賢人を知るだけの力を持ちあわせて居りません。しかしながら私の承りますところでは、賢人というものは、他国に入った場合には、必ずその国の君臣が親しむように仕向け、上下の怨悵をなくするように努力するということであります。ところが孔丘が楚の国に参りました節には、その国の臣下である白公の陰謀を知りながら、白公に石乞という人物を推薦し、このために楚の君は、すんでのところでその身を滅ぼす目にあい、白公は誅殺されてしまいました[182]。私の承りますところでは、賢人というものは、上の信任を得れば、これを裏切ることなく、下の信服を得れば、これを危険に陥れることはないのであります。また、その進言が君主に採用された場合には、必ず人々に利益をもたらし、その教えが下々に行なわれた場合には、必ず上の君主に利益をもたらすものであります。この故にこそ、賢人の言葉は明白で判りやすく、その行動も明白で従いやすいのであり、その正しい行為は庶民に理解され、その謀計は君臣のいずれにも支持されるのであります。ところが孔丘は深謀遠慮して賊臣を助け、思慮知力を傾けて邪悪を行ない、下々を扇動して上を混乱させ、臣下を唆かせて君主を殺させているのでありまして、賢人の行為とは言えません。他国に入って、その国の賊臣と結ぶことは、義とは申せませんし、その人間の不忠であることを知りながら、これをうながして乱を起させることは、仁とは申せません。人目を逃れて陰謀し、人を避けて秘密に言うのでは、その行動は庶民に理解されませんし、その謀計は君臣のいずれにも支持されません。私は孔丘と、賊臣の白公とを区別することができないのであります。このために、お答え申し上げなかったのであります」と述べた。そこで景公は「ああ、君はよくも教えてくれた。君がいなければ、自分は孔丘と賊臣の白公が同類であることを知らないで終ったであろう」と言ったという。

また、孔丘が斉国に行って景公に目通りしたとき、景公は大いに喜び、これに尼谿《じけい》の封地を与えようと思い、晏子に相談した。すると晏子は「それはいけません。儒者というものは、傲慢で自分の思うままに振るまうものであり、下民を教化できません。また音楽を好んで人の欲望を増すものですから、親しく人民を治めさせることはできません。また運命論を唱えて仕事を怠りますから、官職を行なわせることはできません。葬礼を重んじ悲しみを久しくしますから、民に慈愛を及ぼすことはできません。いたずらに服装を立派にして容子ぶりますから、衆人を導くことはできません。孔丘は外面の態度や服装ばかりを飾りたてて世をまどわし、弦歌鼓舞して人々を集め、階を升降する際の礼を繁雑にしては、これが礼儀であるとして人に示し、立ち居ふるまいの節度をやかましく言って、衆人にすすめております。彼は博学であるとはいえ、世の実務を治めることはできず、いくら思慮を労しても人民を裨益することはできず、いくら寿命を重ねてもその学問を極め尽くすことはできず、壮年の元気盛りの時でもその礼を実行することができず、いくら財を積んでもその音楽を満足に備えることはできません。邪道を飾り立てては世の君主を惑わし、盛んに音楽をはやしたてては愚民の欲望をかきたてるものであります。その道は模範として世に示すことはできず、その学は衆を導くことはできません。いま殿様は孔丘を封じて、斉国を善導させようとの思し召しですが、これは国を導き民をいざなう道ではありません」と答えた。すると景公も「それは、もっともな次第である」といい、孔丘に対しては、礼遇を厚くするだけで、封地のことは中止した。また孔丘が目通りしても、尊敬を払うだけで、政教の道については何も質問しなかった。[183]

そこで孔丘も、心中に景公と晏子のことを怒り、鴟夷子皮《しいしひ》[184]という者を田常のもとに送りこみ、他方では南郭恵子《なんかくけいし》[185]なる者に自分の計画をうちあけて通謀し、そのまま魯の国に帰った。

その後、しばらくして、斉が魯を攻めようとする形勢があるのを察し、弟子の子貢に向い、「賜よ[186]、大事をあげるのは今の時であるぞ」といい、子貢に命じて斉に行かせ、南郭恵子を通じて田常に面会させ、これに呉国を征伐するように勧めさせた。地方、斉国の有力な大臣である高・国・鮑・晏の四氏に説きつけて、田常の叛乱の妨害をさせないようにした。さらに越国に勧めて、呉国を攻めさせるように説きつけた[187]。かくて三年のうちに、斉・呉の二国は、いずれも国を破滅する悲運に陥り、戦死者は億をもって数えるほどであった。これみな孔丘の陰謀によるものである。

また孔丘が、かつて魯の司寇の官[188]にあったとき、公室を見棄てて、実力者の季孫氏に取り入った。その後、季孫氏が魯国の宰相となり、他国に亡命するという事件があったが、そのとき季孫氏は関所を守る村民と門《かんぬき》を争った。すると孔丘は、立ちどころに門を止める立て棒を引きぬいて、季孫氏を逃がしてやった[189]。

また、あるとき孔丘は陳蔡の間で危険に陥ったことがあった[190]。そのとき、あかざの汁物だけで米粒がないという状態が十日も続いた。そこで子路が孔丘のために豚を煮て進めたところ、孔丘はその肉の出所を尋ねようともしないで、これを食ってしまった。子路はまた人の衣服を追いはぎして酒を買ってきたが、孔丘はその酒の出所も問わないで、これを飲んでしまった。

ところが、魯の哀公[191]が孔丘を迎えたときには、座席が正しく布かれていなければ着席せず、肉の切り目が正しくなければ食わなかった。[192]そこで子路が進み出て、「陳蔡のときとは、ひどく違っているでありませんか」と問うと、孔子は「よし、近くよれ、話してやろう。あの時には、お前と一緒に一時しのぎに生きなければならなかったが、今はお前と一緒に、一時しのぎに正しい道を踏むのだよ」と答えた。かように、飢えて窮すれば他人の物をみだりに盗んで身を生かすことを辞せず、腹いっぱいに食えば偽善を行ない表面を飾るのであって、不潔にして虚偽なること、これより大なるものはない。

また、孔丘が門下の弟子たちと座談していたとき、孔丘は「むかし舜は、父の瞽叟《こそう》が臣下の列にいるのを見て、不安の色を見せたというが、[193]このとき天下はまことに危険な状態にあったと言わねばなるまい。また周公旦《たん》は仁者とは言えないだろう。なぜなら、彼は妻子を棄てて、遠く東方に寓居しているからである[194]」と語ったことがある。

いったい孔丘の行動なり、心構えなりは、すべてその門下の弟子たちが、これを見ならっている。ところで、子貢と季路とは孔悝《こうかい》を助けて衛の国を乱しているし、陽貨は斉の国を乱し、仏肸《ふっきつ》は中牟《ちゅうぼう》の地で反乱を起し、漆雕《しっちょう》は死刑に処せられた。孔丘の残虐なること、極まれりというべきである。

およそ弟子や後輩は、その師について学ぶにあたり、必ずその師の言葉を学びとり、その師の行為を模範にしようとして、あらんかぎりの能力と知慧とを尽くして努めるものである。してみれば、孔丘の行為が右に述べたとおりであるかぎり、その弟子や後輩たる儒士たちも、決して信用のならぬものである。

耕柱篇[195]

あるとき子墨子が、弟子の耕柱子を叱責したところ、耕柱子は「私は人なみに及ばぬ人間なのでしょうか」といった。すると子墨子は、「もし大行山[196]に登ろうとして、駿馬と羊とに、それぞれ車を引かせるとすれば、お前はどちらを選ぶか」と問うた。耕柱子が「もちろん駿馬の方を選びます」というと、子墨子は「なぜ駿馬を選ぶか」という。耕柱子が「駿馬は叱責されて山に登るだけの力を持っているからです」と答えると、子墨子は「自分もお前が叱責するだけの価値を持っていると思うのだ」といわれた。

巫馬子[197]が子墨子に、「鬼神の明知と、聖人の明知とでは、どちらが上でしょうか」と問うた。子墨子は「鬼神の明知を聖人に比べると、鋭い耳目と聾盲ほどの差がある。むかし夏后開[198]が蜚廉《ひれん》[199]に命じて山川から金を採取させ、これを昆吾の地で鼎に鋳させた。また他方で、伯益に命じて、雉を殺し、その血を白若の地で捕えた亀にぬり、卜《うらな》いをさせた。そして亀に向って『いま鼎を作りあげ、足は四本で、形は四角である。願わくば、この鼎をして、火を焚かずとも自然に物を煮ることができ、手で持ち上げなくとも自然に倉庫に蔵せられ、手で遷さずとも自然に願う場所に移ることを得せしめよ。いまこの鼎をもて、昆吾の墟において神を祭る。願わくはこれを受けよ』と唱えたところ、亀甲の兆《しる》しに、『これを受けたり。盛んなる白雲起りて、一は南し、一は北し、一は西し、一は東せん。この九鼎の成るよりのち、三国に伝え遷らん』と現われた。果して、この鼎は、夏の王朝がこれを失ってからは殷の王朝に伝わり、殷の王朝が失ってからは周の王朝に伝わった。夏殷周がこの鼎を伝授したのは、数百年の久しきにわたっている。たとえ聖人が良臣名相を集めて相談したところで、どうして数百年の後のことを知ることができよう。しかも鬼神はそれを知ることができるのだ。だから、鬼神の明知を聖人に比べると、鋭い耳目と聾盲ほどの差がある、というのである」と答えられた。

　弟子の治徒娯と県子《けんし》碩《せき》(200)とが、子墨子に向い「人としてなすべきことのうちで、何がいちばん重大でしょうか」と問うたところ、子墨子は「それは譬えば土塀を築くのと同じである。土を築《つ》き固めることができる者は土を築き固めるし、土を運搬することができる者は土を運搬し、測量のできる者は測量の仕事をする。それで始めて土塀が出来あがるのだ。人としてなすべき道をなすのも、これと同様である。弁論のできる者は弁論するし、書物に書かれた道理を説く者はその道理を説き、仕事のできる者は仕事に従うがよい。かようして始めて人としてなすべき正しい道が完成するのである」と答えた。

巫馬子が子墨子に「あなたは天下を兼愛されますが、天下の人はそのために別段まだ利益を受けていません。私は天下を愛していませんが、天下の人は別段に害を受けていません。どちらも実際の効果が、まだ現われていないわけです。それなのに、なぜあなたは自分を正しいとし、私を非とされるのですか」と質問した。すると子墨子は「いまここに放火する者があったとする。そのとき一人は水をもってこれに灌《そそ》ごうとし、一人は火を手にして火勢を増そうとしている。両方とも、まだ実際の効果は現われていないが、君はこの二人のうちのいずれを尊重するか」と問うた。巫馬子が「それは水を持っている者の意志を正しいとし、火を手にしている者の意志を悪いと考えます」と答えると、子墨子は「自分もわが意志を正しいとし、君の意志を悪いとしているのだ」といわれた。

あるとき子墨子は、耕柱子を楚に旅させた。そのとき子墨子の門下の数人が、耕柱子の旅先を訪れたところ、耕柱子はこれに三升の飯をふるまっただけで、客のもてなしが粗末であった。そこで門人たちは帰ってから子墨子に「耕柱子は楚に居ってても何の役にも立ちますまい。われわれ門人が立ち寄りましたのに、三升の飯をふるまっただけで、客のもてなしが粗末でした」と訴えた。すると子墨子は「それはまだ判らないよ」と答えただけであった。それから間もなく、耕柱子は子墨子のもとへ十金を送ってきて、「私はいつまでも先生の道を奉じて行きたいと存じます。ここに十金がございますが、先生の御用に役立てたいと存じます」と書きそえてあった。子墨子はこれを見て、「自分がまだ判らないと言ったとおりだろう」といわれた。

巫馬子が子墨子に向って「あなたは正しい道を実行していられるが、誰もあなたを助ける人もなく、またあなたを富ましてくれる神もない。それなのに、あくまでこれを実行しようとされるのは、狂気の沙汰ではありますまいか」と言ったことがあった。すると子墨子は「いま、君に二人の臣下があったとする。その一人は、君のいるのを見ておれば仕事をするが、君を見なければ仕事をしない。いま一人は、君を見ても仕事をするし、君を見なくとも仕事をする。君はこの二人のうちいずれを尊重するか」と問い返した。巫馬子が「それはむろん、自分を見ていても仕事をし、見ていなくとも仕事をする臣下を尊重します」と答えると、子墨子は「それなら君も狂気の沙汰の人間を尊重しているのではないか」と言われた。

子夏の門人(201)が子墨子に向って「君子でも闘うことがありますか」と問うた。子墨子は「君子には闘うということはない」と答えられた。すると子夏の門人は「犬や豚でも闘うことがあるのですから、人間が闘わぬということはありますまい」といった。すると子墨子は「君たちは何とも哀れな人だ。口では湯王や文王などの聖人のことを賞めたたえるくせに、いざ実行する段になると、犬や豚を引き合いに出すのだからな。まことに哀れむべきことだ」と言われた。

巫馬子が子墨子に向って、「今の世の人のことをおいて、昔の先王ばかりを誉めるのは、枯骨を誉めるのと同じです。譬えていえば大工のようなもので、枯木は知っているが、生木を知らないのと同様ではありませんか」といった。すると子墨子は「天下の人民が生きているのは、先王の道や教えのおかげである。してみれば、いま先王を誉めるということは、天下の人々を生かしているものを誉めることにほかならない。誉めなければならぬものを誉めないのは、仁ではあるまい」と言われた。

子墨子は次のように言われた。和氏《かし》の璧《たま》や隋侯の珠[202]、三棘《れき》六異《よく》[203]すなわち九鼎は、いずれも諸侯が良宝として尊ぶところのものである。それでは、これらのもので国家を富まし、人民の数を増加させ、秩序を安定させ、社稷を安んずることができるであろうか。いな、それは不可能である。もともと良宝を尊ぶというのは、それによって利益が得られるからである。ところが和氏の璧、隋侯の珠、三棘六異は、人に利益をもたらすことができないのであるから、天下の良宝であるとは言えない。いま義、すなわち正しい道を用いて国家の政治をすれば、人民は必ず多くなり、秩序は必ず安定し、社稷は必ず安んずるのである。良宝を尊ぶ理由は、民を利するところにあるのであるが、義はまさに民を利することができるものである。この故に、義こそ天下の良宝であると言わなければならない。

葉《しょう》公子高[204]が政治について仲尼に質問し、「よい政治をするには、どうすればよいか」といった。これに対して仲尼は「よい政治をする者は、遠方の者には近づきたいという心をおこさせ、古くから従っている者には、あきさせることなく、常に新たに仕えたような気持をもたせるものだ」と答えた。子墨子はこの問答を伝え聞いて、「葉公子高は質問の仕方が間違っているし、仲尼もその答え方が間違っている。葉公子高ほどの者が、よい政治が遠方の者に近づきたいという心をおこさせ、古くから従っている者に常に新たな心を持たせるものであるくらいのことを、知らないはずはあるまい。彼は、このことを実現するためには、どうすればよいかという方法が問いたかったのだ。したがって仲尼の答えも、人の知らないことを告げないで、すでに知っていることを告げたことになっている。要するに、葉公子高は質問の仕方を誤っているし、仲尼も答え方を誤っているのである」といわれた。

子墨子は魯陽の文君[205]に向って次のように言われた。大国が小国を攻めるのは、たとえば子供が馬ごっこをしているようなものである。子供の馬ごっこは、からだを疲らすばかりで何の益もない。いま大国が小国を攻めると、攻められる国では、農夫は耕作することができないし、婦人は機織りすることができないで、もっぱら防戦を事とするようになる。また攻める方の国でも、農夫は耕作することができないし、婦人は機織りすることができないで、もっぱら攻戦を事とするようになる。だから大国が小国を攻めるのは、たとえば子供が馬ごっこをしているようなものなのである。

子墨子は次のように言われた。実行できる言葉は、いつも口にしてよい。実行できないような言葉は、いつも口にするな。実行できない言葉をいつも口にするのは、口をすりへらすだけのことである。

子墨子は、管黔敖《かんけんごう》[206]に推薦させて、高石子[207]を衛の国に仕えさせた。衛の君主は高石子に厚禄をあたえ、これを卿すなわち大臣の列においた。高石子は三たび朝廷に出仕して、そのたびに意見を述べ尽くしたけれども、その意見は採用されなかった。そこで衛を去って、斉に行き、子墨子に面会し、「衛の君主は、先生のお声がかりがありましたために、私に厚禄を賜り、卿の位につかせてくれました。私は三たび朝廷に出仕して、そのたびに意見を尽くしましたけれども、採用されませんでした。そこで衛を去った次第です。それにしても衛の君主は、私を狂人とでも思ったのではありますまいか」と述べた。すると子墨子は、「正しい道を踏んで去るのであれば、狂人と思われても一向に差支えはない。むかし周公旦は管叔にそしられ、三公の位を辞して、東のかた商奄の地に移り住んだ。当時の人はみな周公を狂気の沙汰だといったが、後世の人はその徳を賞め、その名をたたえ、今に至るまでやむことがない。その上、自分の聞くところでは、義をなすということは何も世のそしりを避けて賞賛を受けるためではない。去ることが道にかなっていれば、たとえ狂人の名を蒙っても一向に差支えはないではないか」と言われた。高石子は「私が衛を去りましたのは、決して道に背いてはいないつもりです。むかし先生は、天下に道が行なわれていないとき、仁士は自分だけが恵まれた地位に居ろうとしないものだ、と言われました。いま衛の君が無道であるにもかかわらず、その禄爵を貪っていたのでは、それこそ私はいたずらに他人の糧を食んでいることになります」といった。子墨子はこれを聞いて喜び、子禽子(208)を召して「まあ聞くがよい。義にそむいて禄に向うということは、以前からよく聞いているが、禄にそむいて義に向うというのは、高石子の場合に始めて見たよ」と言われた。

子墨子は次のように言われた。世俗の君子というものは、貧乏していて他人からお前は金持だと言われると腹を立てる。そのくせ不義を行ないながら、他人から義《ただ》しい人だと言われると喜ぶものだ。何とも矛盾した話ではないか。

公孟子(209)が「先人が法則としたものは、三つあるだけだ」といった。すると子墨子は

「法則が三つだけだといった先人というのは、いったい何者なのかね。君は先人というけれども、先人もかつては後輩であったことを知っているのかね」と言われた。

いちど子墨子を見棄てて去りながら、再び帰ってきた弟子があった。そして「自分は何も悪いことをしたとは思いません。いちばんあとで先生にそむいたのですから」といった。すると子墨子は「これは三軍が敗走したときに、逃げおくれた者が褒美をもらおうとするのと同じではないかね」と言われた。

公孟子が「君子というものは創作をしないで、先人の説を祖述するだけだ[210]」といった。すると子墨子は「そうではなかろう。最も君子らしからぬ人間は、古人に善いものがあっても祖述しようとせず、現在に善いものがあっても創作しようとしない者だ。その次に君子らしからぬ人間は、古人に善いものがあっても祖述しようとしないが、自分に善い考えがあればこれを創作する。つまり善いものを自分から出したいのだ。ところで、祖述するだけで創作しないというのは、やはり片手落ちで、その片手落ちである点では、祖述することを好まないで創作ばかりする者と変るところがない。自分の意見では、古人の善いものはこれを祖述し、現在に善いものがあれば創作すればよいのであって、善いものがますます多くなることを願うだけだ」と言われた。

巫馬子が子墨子に向って「私はあなたと違って、兼愛ということができません。私は鄒《すう》の人を越の人よりも愛し、魯の人を鄒の人よりも愛し、(211)私の村人を魯の人よりも愛し、私の家人を村人よりも愛し、私の親を家人よりも愛し、わが身を親よりも愛します。つまり、それだけ自分に近いからです。自分の身を打てば痛みを感じますが、他人を打っても自分の身に痛みを感じません。それなのに、わが身に痛みを与える他人の攻撃を払いのけないで、わが身に痛みを感じない他人への攻撃を排斥されることが、私には理解できません。したがって私には、相手を殺してわが身を利することはあっても、わが身を殺して相手を利することはあり得ません」といった。これに対して子墨子は、「君のその主張を他人に隠しておくつもりか。それとも他人に告げるつもりか」と問われた。巫馬子は「何の必要があって、私の主張を隠しましょう。私は他人に告げるつもりです」と答えた。すると子墨子は「そうすると一人でも君の説を聞いて喜んで共鳴する者があったとすると、その一人は君を殺してわが身を利しようとするだろう。十人が君の説に共鳴すると、その十人は君を殺してわが身を利しようとするだろう。天下の人々が君の説に共鳴すると、天下の人々が君を殺してわが身を利しようとするだろう。逆に一人でも君の説を聞いて不快に思う者があったとすると、その一人は君をけしからぬことを言う奴だとし、君を殺そうとするだろう。十人が君の説を不快に思うと、その十人は君をけしからぬことを言う奴だとし、君を殺そうとするだろう。天下の人々が君の説を不快に思うと、天下の人々は君をけしからぬことを言う奴だとし、君を殺そうとするだろう。結局、君の説を喜ぶ者も君を殺そうとするし、君の説を不快に思う者も君を殺そうとするわけだ。これは世間でいう、軽々しく口をきくと身を殺すもとになる、というのにあたる(212)。君はこんなことを言って、何の利益になると思うのかね。もし何の利益もないのに言うのだとすれば、それはいたずらに口をすりへらすだけのことだ」と言われた。

子墨子が魯陽の文君に向って、「いまここに一人の男があって、羊牛や犬豚を料理人が肌ぬぎして懸命に料理し、いくら食っても食いきれぬほどあるのに、人が餅を作るのを見ると、目を光らしてこれを盗みとり、この餅を自分にくれと言ったとする。これは美味栄養(213)が足りないせいだと思われますか。それとも盗癖があるせいだと思われますか」と問われた。すると魯陽の文君は「それは盗癖があるせいでしょう」と答えた。子墨子はさらに「あなたの国の楚は、領土内に開拓しきれぬほどの荒れ地があり、いくら人口を入れても余るほどの空地があります。それにもかかわらず、宋や鄭の空地を見ると、目を光らせてこれを盗みとられる。これとあれとでは違いがあるでしょうか」と言われた。魯陽の文君は「それは同じようなものです。仰せのとおり、盗癖があるわけです」と答えた。

子墨子は次のように言われた。季孫紹と孟伯常の二人は、魯の国政を執っていたが、お互いに相手を信用することができなかったので、叢社(214)の前で「どうか我々二人を相和するようにして戴きたい」と神に祈った。これは自分で自分の眼を覆いながら、叢社の神に「どうか眼が見えるようにしてください」と祈るようなもので、道理にはずれたことではないか。

子墨子は、駱滑氂《らくこつり》という者に向い、「私はあなたが勇気を好むと聞いているが」と言われると、駱滑氂は「そのとおりです。私はその村に勇士がいるという話を聞くと、必ずその村に出かけてその人間を殺すことにしております」と答えた。すると子墨子は「人は誰でも、自分の好きなことを盛んにしようとし、自分の嫌いなことをなくしようと願うものである。ところが、あなたはその村に勇士がいると聞くと、必ずその村に行ってこれを殺すということである。してみれば、あなたは勇気を好むのではなくて、勇気が嫌いなのではないか」と言われた。

貴義篇(215)

子墨子は次のように言われた。

あらゆることのうちで、義より貴いものはない。もし他人が「お前に冠と履《くつ》とをやるから、お前の手足を切断させてくれ」といったとすれば、君はそのとおりにするだろうか。必ずしないに違いない。それはなぜか。冠や履は、手足の貴さに及ばないからである。また「お前に天下をやるから、お前の身を殺させてくれ」といったとすれば、君はそのとおりにするだろうか。必ずしないに違いない。それはなぜか。天下は、自分の身の貴さに及ばないからである。ところが、他人と一言を争って殺しあうことがあるのは、なぜだろうか。それは義というものが自分の身よりも貴いからである。だからこそ、あらゆることのうちで、義より貴いものはない、というのである。

あるとき子墨子が魯より斉に行き、知人の家に立寄ったことがある。その知人が子墨子に向って、「いまこの天下には義を行なう者は誰もいない。それなのに、あなた一人が苦しみながら義を行なおうとされる。およしになった方がよくありませんか」といった。これに対して子墨子は「いまここに十人の子供をもった者があるとしよう。そのうちの一人だけが田畑を耕すだけで、あとの九人はみな遊んでいるとすれば、その耕している一人はそれだけ余計に仕事にはげむ必要がある。なぜなら、食う者が多くて耕す者が少ないからである。いま天下には義を行なう者がないのであるから、あなたは私に義を行なうよう励ましてくれてよいはずである。何のために私を引きとめられるのであるか」といわれた。

あるとき子墨子は南のかた楚に旅して、楚の献恵王(216)に面会しようとされた。献恵王は年老いているからというので直接面会することを辞退し、穆賀《ぼくが》という者を子墨子に面会させた。そこで子墨子が穆賀に自分の意見を述べたところ、穆賀は大いに喜んだ。そして子墨子に向い、「あなたの御言葉はまことに立派である。しかし私共の王様は、何分にも天下の大王であられるから、賤人の言うことだからというので、お取り上げにならぬのではないかと思う」といった。すると子墨子は「いや、それは何としても実行なさるがよろしい。たとえば、それは薬のようなものです。薬ならば、たとえそれが一本の草の根であっても、天子もこれを服用して病気を直されるのであって、一本の草の根だからといって服用されぬことはないはずです。いま農夫はその租税を大人に納入し、大人はそれで神酒や供物をつくり、上帝鬼神を祭るものであります。上帝鬼神は、これを賤人が作ったものだというので受けられないでしょうか。だから、たとえ賤人でも、上は農夫に比べられ、下は薬に比べられるものである以上、一本の草の根にも及ばぬとは限りますまい。その上、あなたは殷の湯王の話をお聞きになっていませんか。むかし湯王は伊尹《いいん》(217)に会いに出かけようとして、彭《ほう》氏の若者に車の駆者を命じた。ところが彭氏の若者は、道の途中で湯王に向って『あなたは誰の所へお出でになるのですか』と問うたので、湯王は『これから伊尹に会いに行くのだ』と答えられた。すると彭氏の若者は『伊尹は天下の賤人です。もしあなたがこれに会おうと思われるのでしたら、お呼びよせになればよろしい。きっと彼は仰せを承りましょう』といった。すると湯王は『これはお前の知ったことではない。今ここに薬があって、これを飲めば耳もよく聞えるようになるし、目もよく見えるようになるというのであれば、自分は必ずこれを喜び、努力してこれを飲もうとするだろう。ところで、いま伊尹はわが国に対して、あたかも良医良薬であるかのような関係にある。それなのにお前は、自分が伊尹に会いに行くことを喜ぼうとしない。これはお前が私の善くなることを願わないのと同じだ』といって、彭氏の若者を車からおろし、車を駆することをやめさせたということであります。この湯王の態度はまことにもっともなことであり、このようにしてこそ正しいと言えるのであります」といわれた。

子墨子は次のように言われた。

およそ言動のうち、天帝鬼神や万民を利するものは、これを実行する。およそ言動のうち、天帝鬼神や万民に害あるものは、これをしないようにする。およそ言動のうち、三代の聖王である堯舜禹湯文武の精神に合致するものは、これを実行する。およそ言動のうち、三代の暴王である桀紂幽厲《れい》の心に合致するものは、これをしないようにする。

子墨子は次のように言われた。

自分の行ないを改めさせるだけの力をもった言説ならば、これを常に口にしてよい。もし行ないを改めさせるだけの力のない言説ならば、常に口にしないほうがよい。行ないを改めるだけの力がないくせに、これを常に口にすることは、いたずらに口をすりへらすだけのことである。

子墨子は次のように言われた。

必ず六つの私情(218)を去らねばならぬ。沈黙しているときには必ず思索し、口を開けば必ず人を教え、動けば必ず有益な事をしなければならぬ。この三つをかわるがわる行なうならば、必ず聖人となるであろう。喜びを去り、怒りを去り、楽しみを去り、悲しみを去り、愛を去り、悪《にく》しみを去って、仁義を実行し、手足口鼻耳目のいずれもが義に向って働くならば、必ず聖人となるであろう。

子墨子は数人の弟子に向って次のように言われた。

義を行なおうとして、たとえそれができなくても、義を行なうための正しい道を曲げることがあってはならぬ。それはあたかも大工が木を削ろうとして、うまく行かぬからといって、墨縄のほうを曲げようとしないのと同様である。

子墨子は次のように言われた。

世の君子は、一匹の犬、一匹の豚の料理を命ぜられた場合、もしできなければ辞退をする。ところが一国の宰相を命ぜられた場合には、たとえできなくとも、これを引き受ける。矛盾した話ではないか。

子墨子は次のように言われた。

いま盲人が、白い物は白く、黒い物は黒いと言ったとすれば、たとえ目明きの者でもこれを否定することはできない。しかし、白と黒とをまぜて盲人に選び取らせたならば、区別できないであろう。だから盲人が白と黒を知らないというのは、その白黒という名称を知らないという意味ではなく、白黒を区別して選び取ることができないという意味である。いま天下の君子がこれを仁だと名づけているものは、禹王や湯王といえどもこれを否定することはできない。しかし、仁と不仁とをまぜて天下の君子に選び取らせるならば、区別することができないであろう。だから私は、天下の君子が仁を知らぬというのは、仁という名を知らぬという意味ではなくて、仁を選び取ることができぬという意味である、と言いたい。

子墨子は次のように言われた。

今の世の士のわが身の取扱い方は、商人が一枚の布を取り扱う慎重さにも及ばぬものがある。商人が一枚の布を取り扱うばあい、品物が切れて良いものがなければ、よい加減なものを売りつけることをしないで、良い品のあるのを待って売るものである。ところが、今の世の士のわが身の取扱い方は、そうではない。わが意の趣くままにふるまって、重いものは刑罰を受け、軽いものでも世の醜聞を被っている。とすれば、士のわが身の取扱いは、商人の一布の取扱いの慎重さにも及ばないのである。

子墨子は次のように言われた。

世の君子は、義を成就しようと思っているにもかかわらず、他人がその身を修めることに助力しようとすると、怒るものである。これはあたかも、土塀を作り上げようと思っていながら、他人が手助けをして土を築き固めてくれると、腹を立てるようなものである。矛盾した話ではないか。

子墨子は次のように言われた。

上古の聖王は、その道を後世に伝えようと願った。そのためこれを竹帛に書し、金石に刻し、後世の子孫に伝え残した。すべて後世の子孫がこれに法《のっと》ることを欲したからである。いまもし先王の道を聞きながら、これを実行しないならば、先王の伝えてくれたものを廃物にすることになるだろう。

あるとき子墨子は南方に旅して、衛の国に使いされたことがある。そのとき車の物置きに多くの書物を載せていた。弟子の弦唐子がこれを見て怪しみ、「先生は公尚過(219)に向って、物事の曲直がわかれば十分だと仰せられましたのに、いま先生は書物をおびただしく車に載せていられるのは、どうしたわけでしょうか」とたずねた。すると子墨子は「むかし周公旦は、朝に書百篇を読み、夕べに七十人の士を引見された。そのため周公旦は宰相として天子を助け、その治績は今にまで残ることになったのである。ところが自分は、上は君主として政治を執るということもなく、下は農作の苦労もしていないのであるから、読書の仕事だけは止めるわけにはいかぬ。自分の聞くところでは、道理は一つに帰着するにしても、その道理を表現する言葉というものは、往々にして誤りを犯すものである。しかも、その言葉を聞く人間の受取り方もまちまちであるところから、書物の数も多くなるのである。ところが公尚過の場合は、その心が精微を極めることが多く、帰一する物事の要点を知っている。だから自分は、彼に書物を読めとは教えなかったのである。何も不思議に思う必要はないのだ」といわれた。

子墨子は公良桓子に向って、次のように言われた。衛は小国である。斉と晋との間に挟まれていて、あたかも貧家が富家の間に挟まれているようなものである。貧家でありながら富家の衣食のぜいたくさをまねれば、必ず速やかに破産するだろう。いま、あなたの家を見ると、飾りたてた車が数百乗もあり、その馬で豆や粟を食っているものが数百匹もあり、婦人であやぬいとりの衣を着ているものが数百人もいる。いま車を飾ったり馬に食わせたりする費用や、あやぬいとりの衣などの資財を転用して、それで士を養ったとすれば、必ず千人以上の士が得られるであろう。もし患難が起ったばあいに、数百人の士を前におき、数百人の士を後におくのと、婦人数百人を前後におくのとでは、どちらが安全であろうか。自分は士を養うほうが安全だと思うのである。

子墨子は、その弟子を衛の国に仕官させた。するとその仕官した弟子は、到着すると間もなく引き返してきた。子墨子が「なぜ帰ってきたのか」と問われると、その弟子は「先方の言い分があてにならぬからです。お前に千盆[220]の手当てをやろうといいながら、五百盆しかくれませんので、帰って参りました」と答えた。すると子墨子は「お前に千盆より余計にくれたとしたら、帰ってきたかね」と問われた。弟子が「それは帰って参りません」というと、子墨子は「それでは先方の言い分があてにならぬためではなく、手当てが少ないためだろう」といわれた。

子墨子は次のように言われた。

世俗の君子の、義士に対する評価は、粟を背負って道を行く者に対する評価よりも低いものがある。いまここに人があって、粟を背負って、道端に休息し、立ち上がろうとして立ち上がれぬものがあったとする。君子がこれを見ると、年齢や身分の上下を忘れて、必ずこれを助け起してやるだろう。それはなぜか。義だからである。ところが、いま義を行なっている君子が、先王の道を奉じてこれを説くような場合には、これを喜んで実行しないばかりか、悪口や非難を加えるものである。だからこそ、世俗の君子の義士に対する評価は、粟を背負って道を行く者に対する評価よりも低い、というのである。

子墨子は次のように言われた。

商人が四方に行くばあい、もし商売の利益が何倍かあるならば、たとえ関所や橋などの障害や、盗賊の危険があっても、構わずに行くものである。ところが、士は坐したまま義を説けばよいのであって、関所や橋などの障害や、盗賊の危険があるわけではなく、しかも何倍とも計り知れぬほどの利益が得られるにもかかわらず、義を説こうとしないのである。してみれば士が利を計る力は、商人の才覚に及ばぬということになる。

あるとき子墨子が北のかた斉に行こうとしたとき、占い師(221)にあった。その占い師は子墨子に向い「今日、天帝は黒竜を北方で殺された。ところが先生の顔色を見ると黒い。だから北に行くのはよろしくない」と告げた。しかし子墨子は聞かないで、そのまま北に向ったが、淄水《しすい》(222)まで行ったところで、果さずして引き返された。これを見た占い師は、「私が先生に北へ行ってはならぬと言ったとおりでしょう」といった。すると子墨子は「南の人で北へ行くことのできなかった者や、北の人で南へ行くことのできなかった者は、自分以外にいくらでもある。また行く目的を果さなかった者のうちには、顔色の白い者もあれば、黒い者もあるのであって、両方とも行くことができなかったのは、どうしたわけか。また君たちの説では、天帝は甲乙の日をもって青竜を東方に殺し、丙丁の日をもって赤竜を西方に殺し、壬癸の日をもって黒竜を北方に殺すという。これでは天下の旅行を禁止するようなものであり、人心を囲んで暗くし、天下を空虚にするものである(223)。だから君の言うことは用いることができない」といわれた。

子墨子は次のように言われた。

自分の主張は実行するだけの価値のあるものである。自分の主張を見すてて、別の主義をとるのは、あたかも収穫することをやめて、田の落穂を拾うようなものだ。そのような立場から自分の主張を非難するのは、あたかも卵をもって石にぶつけるようなものである。天下の卵をことごとくぶつけたところで、石には何の変りもなく、これを傷つけることは不可能だ。

公孟篇(224)

公孟子(225)が子墨子に向い「君子というものは、目上の人に対しては、うやうやしい態度で、その質問されるのを待つものであります。問われれば答え、問われなければ黙っているもので、それはあたかも鐘が打たれれば鳴り、打たれなければ鳴らないようなものです」といった。すると子墨子は「自分の意見の述べ方には、三つの場合がある。ところが君は、そのうちの一つを知っているだけで、しかもなぜそうしなければならぬかという理由を知っていない。もし大人がその国において淫乱暴虐の行為があるような場合、こちらから進んで諫めると不遜だとされるし、側近の臣下を通じて諫言すると、もっともな議論だと受け取られる。このような場合、君子は発言することに疑いをもち、自重するのである。またもし大人が政治をしているときに、国家に危難が生じ、あたかも網のわなが襲いかかろうとするような危険があった場合には、君子はこれを知れば必ず諫める。そうすることが大人の利益になるものである。このような場合には、たとえ打たなくとも、必ず鳴らなければならない。またもし大人が不義を行なおうとする邪心を抱き、たとえ戦争に応用できる優れた計略をもつにしても、罪なき国を攻撃して土地をひろげ、貨財を奪い取ろうとするならば、出でて戦うごとに失敗して恥辱を被るであろう。攻められる側が不利を蒙ることはもちろん、攻める側も不利を受け、双方にとって不利益である。このような場合には、相手が打たなくとも必ず鳴らなければならぬ。それに君は『君子は、うやうやしく相手の問うのを待つものである。問われれば答え、問われなければ黙っているもので、あたかも鐘が打たれれば鳴り、打たれなければ鳴らぬ』といったが、現に君は私が問うてもいないのに口を出しているのであるから、これは君のいう『打たないのに鳴る』ものではないか。君のいう『君子でない』ことになるのではないか」といわれた。

公孟子が子墨子に向って、「まことに善を行なっておれば、必ず人に知られるものであります。たとえば、すぐれた巫《みこ》のようなもので、家の内にいて外に出なくとも、自然にありあまるほどの御神米が集ってきます。また、たとえば美女のようなもので、家の内にいて外に出なくとも、人々が争って求婚して参ります。もし自分の方から進んで売りこみに行けば、かえって人に相手にされないでしょう。ところが、いまあなたは至るところに出かけて自分の主張を説いていられるが、御苦労千万なことです」といった。

これに対して子墨子は「今は乱世である。美女を求めるような人間が多いために、美女は外に出なくても、これを求める者は多いだろう。だが、今の世において善を求める人間は少ない。自分の方から進んで人に善を説かなければ、誰も善に気づかないのである。それに、君に尋ねるが、もしここに二人の巫があって、どちらも同じ程度に占筮《せんぜい》をよくするとしよう。外に出かけて人のために筮するものと、家にいて外に出ないものとでは、その御神米のあがりは、どちらが多いと思うか」といわれた。公孟子は「それは外に出かけて人のために筮するもののほうが、御神米が多いでしょう」と答えた。そこで子墨子は「同じ程度の仁義をそなえた者ならば、出かけて行って人に仁義を説く者のほうが、より多くの効果をあげるだろう。何としても出かけて人に説くほかはないのだ」といわれた。

公孟子は章甫の冠[226]をかむり、笏《こつ》を帯にはさみ、儒者の服を着て、子墨子に面会し、「君子は正しい服を着ることにより、始めて正しい行ないができるのでしょうか。それとも正しい行ないをして後に、正しい服を着るのでしょうか」と問うた。子墨子は「行ないは服装とは無関係だ」といわれた。公孟子は「なぜそれがわかるのですか」と問うたので、子墨子は「むかし斉の桓公[227]は、高い冠をかむり、広い帯を着けて、その国の政治をしたが、国はよく治まった。また、むかし晋の文公[228]は、粗布の衣、牝羊の皮衣を着て、なめし皮で剣をつるして、その国の政治をし、その国はよく治まった。また、むかし楚の荘王(229)は、あざやかな冠に美しい紐をたれ、豊かな大袖の衣を着て、その国の政治をしたが、その国はよく治まった。また、むかし越王勾践《こうせん》(230)は、断髪で文身《いれずみ》(231)の姿で、その国の政治をしたが、その国はよく治まった。この四人の君子は、その服装は同じでなかったが、その行ないは一つであった。だから私は、行ないは服装と無関係であることを知るのである」といわれた。すると公孟子は「なるほど、ごもっともです。善を急がないと不祥があると申しますから、早速、笏や章甫の冠を家に置いて参りまして、改めて先生のお目にかかりたいと思います」といったので、子墨子は「いや、その服装のままでお会いしたい。もし、どうしても笏や章甫の冠を取りかえないと面会できないということであれば、それこそ、やはり行ないが服装で決定されることになるからな」といわれた。

　公孟子は「君子は必ず上古の言葉を話し、上古の服を着ることによって、始めて仁者となることができる」といった。これに対して子墨子は「むかし殷の紂王や卿士の費仲(232)は、天下の暴人であったし、箕子や微子は天下の聖人であった。これらの人々は、みな同じく上古の言葉を話していたにもかかわらず、あるものは仁者となり、あるものは不仁者となっている。周公旦は天下の聖人であり、管叔は天下の暴人である。この二人は同じく古代の服を着ていたにもかかわらず、あるいは仁者となり、あるいは不仁者となっている。とすれば、仁不仁は古服や古言によって決定されないことがわかる。それに君は周代に法《のっと》るだけで、その前の夏代に法ることを忘れている。だから君のいう上古は、本当の上古ではない」といわれた。

公孟子が子墨子に向って、「むかし聖王の時代の序列では、上聖は天子の位に立ち、その次のものは卿大夫の位に立ちました。いま孔子は博く詩書をきわめ、礼楽を明らかにし、万事に詳らかであります。もし孔子が聖王の時代に生まれていたならば、孔子は恐らく天子となっていたと思われます」といった。これに対して子墨子は「およそ知者というものは、必ず天帝を尊び鬼神に仕え、人を愛して費用を節約するものである。この条件に合致して、始めて知者といえるのである。ところが君は、『孔子は博く詩書をきわめ、礼楽を明らかにし、万事に詳らかである』というだけの理由で、天子になることができるという。これは、あたかも計算棒に刻まれた数を勘定して、自分は金持だと思うのと同様ではないか」といわれた。

公孟子は「貧富や長命短命は、すべて混然として天にあり、人の力では増減できないものである」といいながら、他方では「君子は必ず学ばねばならぬ」という。子墨子はこれを批評して、「人に学問の必要を教えながら、他方では宿命論を主張している。これでは、まるで人に髪を包めと命じながら、他方ではその冠を奪い去るのと同様である」といわれた。

公孟子が子墨子に向って、「人間には義と不義という道徳の問題があるのみで、祥と不祥ということは問題にならない」(233)といった。これに対して子墨子は「上古の聖王は、みな鬼神というものは霊妙な働きをもち、禍福を下すものとし、祥と不祥の存在を信じた。このために政治はおさまり国家は安んじたのである。ところが桀王や紂王以下のものは、みな鬼神が霊妙な働きをもたず、禍福を下したりすることができないものとし、祥や不祥は存在しないものと主張した。このため政治は乱れ、国家は危うくなったのである。だから先王の書の箕子篇にも『その傲《おご》りは、子《し》の不祥より出《い》ず』とある。これは不善を行なえば罰が与えられ、善をなせば賞が与えられることを言ったものである」と言われた。

子墨子は公孟子に向い「喪礼の規定では、君および父母・妻・嗣子が死んだ場合には、三年の喪に服する。伯父・叔父・兄弟のためには、一年の喪に服する。母や妻の親族に対して五カ月、父の姉妹・自分の姉妹・姉妹の子・自分の母の兄弟に対しては、それぞれ数月の服喪がある。もし喪に服しない期間があれば、その間に詩三百篇を誦し、詩三百篇を弦楽にのせ、詩三百篇を歌い、詩三百篇を舞え、という。もし君の言うとおりにすれば、君子はいつ政治のできる日があり、庶民はいつ仕事のできる日があるのだろうか」といわれた。公孟子は「国が乱れたときには、これを治め、治まれば礼楽に専念します。国が治まっているときは仕事に従いますし、国が富めば礼楽を行ないます」と答えた。すると子墨子は「国が治まるのは、治めるから治まるのであって、治めることをやめれば、また治まらなくなるものである。国が富むのは、仕事にいそしむから富むのであって、仕事をやめれば、国の富みもなくなる。たとえ国が治まっていても、努力して倦むことがなければ、それで始めてよいと言えるのである。ところが、いま君は、国が治まれば礼楽に専念し、乱れれば国を治めるという。これを譬えていうならば、飯が喉につまってから井戸を掘るようなものであり、死んでしまってから医者を探すようなものである。むかし三代の暴王である桀紂幽厲は、盛んに歌や音楽にふけり、その民を省みなかったために、その身は誅戮を受け、その国は廃墟となったが、いずれもこのような道を踏んだからである」といわれた。

公孟子は、「鬼神は存在しない」と言いながら、また他方では「君子は必ず祭の礼を学ばねばならぬ」という。これに対して子墨子は「無神論を主張しながら祭礼を学ぶというのは、あたかも客がないのに客礼を学ぶようなものである。また、魚がいないのに魚を捕える網を作るようなものである」といわれた。

公孟子が子墨子に向って「あなたは三年の喪をいけないとされますが、しかしあなたの主張される三日の喪というのも、ひどいと思います」といった。すると子墨子は「あなたは三年の喪によって、三日の喪を非難されるが、これはあたかも裸になっている者が、裾をからげている者を不作法だというのに似ている」と言われた。

公孟子が子墨子に向い、「人並み以上の知を備えていれば、知者といえるでしょうか」と問うた。すると子墨子は「愚者でも、時に人並み以上の知を示すことがある。だからといって、愚者を知者だと言えるだろうか」といわれた。

公孟子は「三年の服喪の規定は、わが子が父母を慕うことから学んで作られたものである」という。これに対して子墨子は、「赤子の知というものは、父母を慕うということだけを知っているに過ぎない。だから父母が不在で、近づくことができなくても、泣き叫んでやまない。これはなぜか。至って愚かだからである。してみれば儒者の知というものも、赤子より以上に出ないことになるのではないか」といわれた。

あるとき子墨子は儒者に向って、「何のために楽《がく》を奏するのか」と問われた。すると儒者は「楽《たの》しむために、楽《がく》を奏するのであります」と答えた。そこで子墨子は「君はまだ私の問いに答えてはいない。いま私が『何のために部屋を作るか』と問うたときに、『冬は寒さを避け、夏は暑さを避けるためと、それに男女の別を設けるためである』と答えたとすれば、それは私に部屋を作る理由を答えたことになる。ところが、いま私が『何のために楽を奏するか』と問うたのに、『楽しみのために楽を奏する』というが、これでは『何のために部屋を作るか』と問われて、『部屋のために部屋を作る』というのと同じではないか」といわれた。

子墨子は程子[234]に向って、「儒者の道には、天下を失う恐れのある政策が四つ含まれている。儒者は、天が明知をもたぬものとし、鬼が霊妙でないものとして、天帝鬼神の存在を説かない。これ天下を失う恐れのある理由の第一である。また葬礼を厚くし、服喪の期間を長くし、棺椁を鄭重につくり、衣数を多くしつらえ、死者を送るのを、あたかも宿がえであるかのようにする。三年間も哭泣し、人に助けがなければ立ちあがれず、杖がなければ歩けず、耳は聞えず目は見えないという有様になる。これ天下を失う恐れのある理由の第二である。また弦歌鼓舞して、常に歌や音楽を奏している。これ天下を失う恐れのある理由の第三である。また宿命の存在を信じ、貧富や寿命の長短や、天下の治乱安危には定めがあって、人力では左右することができないとする。上にある者がこの考えを実行すれば、必ず政治に務めないであろうし、下にある者がこれを実行すれば、仕事に従わないであろう。これ天下を失う恐れのある理由の第四である」といわれた。すると程子は「先生の儒者に対する悪口は、ひどすぎるのではありませんか」といった。これに対して子墨子は「もし儒者にこの四つの政策が全くないのに、私がそう言ったとすれば、悪口だということになろう。ところが儒者には現にこの四つの政策があるのだから、これを言ったとしても、悪口にはなるまい。ただ私の聞いたところを述べたまでである」と答えられた。すると程子は挨拶もしないまま、席を立って行こうとしたので、子墨子は「もう一度帰って来るがよい」と呼びとめられた。程子はふたたび座について子墨子に向い、「さきほどの先生のお話には異議があります。先生のお話は、禹王を誉めることをせず、桀紂を悪く言われないことになると思います」といった。これに対して子墨子は、「いや、そうではない。だが、そのような極まり文句に対して、いちいち議論して答えるほどのことはあるまい。相手が鋭く攻めてくれば、こちらも鋭く防ぎもしようが、相手が手軽く攻めてくれば、手軽に防ぐまでのことである。そのような極まり文句に対して議論するのは、車のながえを揮って蛾をうつようなもので、大袈裟にすぎよう」といわれた。

子墨子は程子と議論しているとき、孔子をほめられたことがある。程子が「あなたは儒者を非難されるのに、なぜ孔子をほめられるのですか」といった。すると子墨子は「それは彼の言葉が妥当で、反対の余地がないからである。鳥は熱旱の恐れを感知すると空高く上昇し、魚は熱旱の恐れを感知すると水深く沈むものである。このような場合には、たとえ禹王や湯王が思案したとしても、これ以外の道は考えられまい。鳥や魚は至って愚かなものであるが、禹王や湯王も時にこれをそのまま用いることもある。だから私だって、孔子を一度もほめないというわけではない」といわれた。

あるとき子墨子の門を訪れた者があった。身体強健で、思慮も深く、子墨子について学びたい志があった。子墨子は「当分の間、学問するがよい。いずれ然るべきところへ仕官させよう」といわれた。その男は子墨子のさそいの言葉に励まされて学んだ。ところが、その年のうちに、仕官のことを子墨子に催促した。すると子墨子は「私には仕官させるつもりはない。お前はむかし魯にあった話を知っているか。魯に五人の兄弟があった。その父が死んだとき、長子は酒好きで葬式をしようとしなかった。そこで四人の弟が『もし葬式をして下さったら、あなたのために酒を買ってあげよう』といったので、長兄はさそいの言葉に励まされて葬式をした。葬式が終ってから、四人の弟に酒を催促したところ、四人の弟は、『私たちは、あなたに酒を買ってあげるつもりはない。あなたはあなたの父を葬ったのであり、私たちは私たちの父を葬ったのであって、何も私だけの父を葬ったわけではない。もし子が父の葬式をしなかったら、その子は人の笑われものになるので、それであなたに葬式を勧めたのです』といったという。いま、お前もお前のなすべきことをし、私も私のなすべきことをしたのであって、何もお前が私だけのなすべきことをしてくれたわけではない。もしお前が学問をしなかったら、人の笑われものになるので、お前に学問を勧めたのである」といわれた。

子墨子の門を訪れた者があった。子墨子が「なぜ学問をしないのか」と問われると、「私の一族に学問をしたものがありませんから」と答えた。すると子墨子は「それは間違っている。美しいものが好きな人間なら、自分の一族に美しいものを好むものがいないから美を好まない、とは言わないだろう。富貴を欲しがる者なら、自分の一族に欲しがるものがいないから欲しくない、とは言わないだろう。美を好み、富貴を欲しがる者でさえ、他人に見習わないで、自らの力でこれを得ようとするものだ。いわんや、義というものは、天下において最も尊重すべきものである。他人に見習う必要があるものか。必ず自らの力で、これをなすべきである」といわれた。

墨子の門に学ぶ者があった。子墨子に向って「先生は鬼神を明知あるものとされ、善をなす者には福をあたえ、暴をなす者には禍を下す、と言われる。ところが私は先生にお仕えしてから久しくなりますが、一向に福が現われません。もしかすると、先生のお言葉が間違っていて、鬼神には神明の働きがないのではないでしょうか。なぜ私には福が得られないのでしょうか」とたずねた。すると子墨子は「お前が福を得られないからといって、私の言葉が間違いで、鬼神が神明の働きを持たぬということにはならない。

お前は、罪人をかくまった者に対して刑罰があることを聞いているか」と問われた。その弟子が「まだ聞いておりません」といったので、子墨子は「いまここにお前より十倍もすぐれた人間があったとする。お前はその人を十倍だけ誉め、自分をその十分の一だけ誉めることができるか」と問われた。弟子は「それはできません」という。子墨子が「それでは、お前より百倍すぐれた人がある場合、お前は一生その人を誉め続け、自分を一度も誉めぬということができるか」と問われると、弟子は「それもできません」という。そこで子墨子は「一人の罪人を隠しても、なお刑罰が加えられるのに、お前の隠していることは、このように多い。重い刑罰を受けても仕方がないのであるから、まして福を求めることなどは不可能である」といわれた。

子墨子が病気になられたことがあった。弟子の跌鼻《てつび》が枕もとにきて、「先生は、鬼神は明知をもち禍福を下すことができ、善をなすものを賞し、不善をなすものを罰する、と言われます。ところが先生は聖人であるのに、なぜ病気になられたのでしょうか。もしかすると、先生のお言葉は間違っていて、鬼神には明知の働きがないのではありますまいか」といった。すると子墨子は「たとえ私が病気になったからといって、鬼神に明知がないなどとは言えない。人間が病気になる原因というものは、多方面にわたっている。寒暑からなる場合もあれば、過労から来る場合もある。百の門があるのに、一つの門だけを閉じても、盗賊の侵入を防ぐことはできまい」と答えられた。

数人の弟子が、墨子に射を学びたいと申し出たことがあった。すると子墨子は、「それはだめだ。知者というものは必ず自分の限界を量ってから、その事に従うものである。国中随一の勇士でも、一方で戦いながら、他方で人を助けるということはできない。ところが、お前たちは国中随一の勇士でもない。どうして、一方で学問を成しとげ、他方で射を成しとげることができようか」といわれた。

数人の弟子が子墨子に向って、「告子は、先生のことを、義を口にしながら、その行為は甚だ悪い、と申して居ります。このような人間は追い出していただきたいと存じます」といった。すると子墨子は「それはならぬ。私の言葉を賞めて、私の行為をそしる者は、少なくとも私の言葉の正しさを認めているのであるから、居なくなるより居てくれたほうがよい。いまここに人があって、かりに私の甚だ好まぬ人物であったとしても、天を尊び鬼に仕え、人を愛することができれば、たとえ好まぬ人物であるにせよ、居なくなるより居てくれたほうがよい」といわれた。[235]

数人の弟子が子墨子に向って、「告子は仁を行なう力のある人物であります」と告げた。すると墨子は「そうとは限るまい。告子が仁を行なうのは、背のびをして身長を高くし、そり返って身体を大きく見せようとするようなもので、永続きはすまい」といわれた。

告子が子墨子に向って「私は国を治め、政治をすることができます」といった。すると子墨子は「政治というのは、口にこれを言い、身をもって必ず実践することである。ところが君は、口には言うが、身をもって実践することをしない。いいかえれば、君の身が乱れているのである。自分の身を治めることさえできないのに、どうして国政を治めることができようか。国を治めることは暫くやめて、自分の身の乱れを治めたほうがよろしかろう」といわれた。

魯問篇(236)

魯の君(237)が子墨子に向って、「私は斉がわが国を攻めてくるのを恐れる。これを救う方法はないものであろうか」と問われた。子墨子は「それはございます。むかし三代の聖王であった禹湯文武は、もとは百里四方の小国の諸侯でしたが、忠臣を喜び、仁義を行なって、天下を取ることができました。これに反して、三代の暴王である桀紂幽厲は、忠臣を仇敵のように扱い、乱暴を行なって、天下を失いました。私の希望しますところでは、あなたが上は天帝を尊び鬼神に仕え、下は万民を愛し利し、その上で、手厚く皮幣(238)を造り、外交の辞令をひくくして、すみやかに四方の隣国の諸侯に礼を通じ、他方、国人をあげて斉の国に仕えるようにされるならば、この患いを救いうると存じます。これ以外には、なすべき手段はないと考えます」と答えられた。

斉が魯を攻めようとした。子墨子は斉の項子牛(239)に向って、次のように言われた。魯を攻めることは、斉の大きな過ちである。むかし呉王は東のかた越を攻めて、これを会稽山にとじこめ[240]、西のかた楚を攻めて、楚の昭王を隋の地に封じこみ、北は斉を攻めて、大夫の国書を捕虜として呉に帰った。やがて諸侯は復讐に向ってきたが、呉の人民は労役に苦しんでいたので役に立たず、このため国は廃墟となり、王の身は刑戮せられた。また、むかし晋の智伯は、范氏と仲行氏を攻めて、三晋の地を併呑した[241]。やがて諸侯が復讐に向ってきたとき、晋の人民はその労役に苦しんでいたので役に立たず、国は廃墟となり、その身は刑戮せられた。だから大国が小国を攻めると、結局は双方ともに傷つくことになり、その禍いは自分の国に帰ってくるものである。

子墨子は斉の大王[242]に面会され、「いまここに刀があって、人の首を試し斬りして、ずばりと断ちきれれば、鋭利な刀といえましょうか」と問われた。大王は「鋭利だといえる」と答えたので、子墨子はさらに「さらに多くの人の首を試し斬りして、ずばりと断ちきれれば、鋭利な刀といえましょうか」と問われると、大王は「鋭利だといえる」と答えた。子墨子が「なるほど、その刀は鋭利でしょう。しかし誰がその災いを受けると考えられますか」と問われたところ、大王は「刀は鋭利の名を受けるであろうが、試し斬りをする者は不祥を受けるであろう」といった。そこで子墨子は「他国を併呑し、軍隊の士卒を失い、人民を殺すような場合は、誰がその不祥を受けるでありましょうか」と問われたところ、大王もしばらく俯仰して思案したのち、「私がその不祥を受けることになろう」と答えた。

魯陽の文君(243)が鄭を攻めようとした。子墨子はこれを聞いて中止させようとされた。魯陽の文君に向い、「いまもし魯陽の国内で、大都が小都を攻め、大家が小家を伐ち、その人民を殺し、その牛馬犬豚や布帛米粟貨財を奪ったとすれば、どうされますか」といわれた。すると魯陽の文君は「魯陽の国内の地に住むものは、すべて私の臣下である。いま大都が小都を攻め、大家が小家を伐ち、その貨財を奪ったならば、私は必ずそれを重く罰するであろう」と答えた。そこで子墨子が「いま天が兼《あま》ねく天下を領有しているのは、あたかもあなたが国内を領有しているのと同様である。いま、あなたは兵をあげて鄭を攻めようとされているが、天誅を受ける恐れはないでしょうか」といわれた。すると魯陽の文君は「先生はなぜ私が鄭を攻めようとするのを止められるのか。私が鄭を攻めるのは、天の意志に従うものである。鄭人は三代にわたってその父を殺したために、天は誅罰を下し、三年続きの不作をもたらした。私はこの天誅を助けようとするものである」と答えた。これに対して子墨子は「鄭人が三代にわたってその父を殺したために、天が誅罰を下したといわれるが、三年続きの不作をもたらすことで、天誅は十分である。ところが、いままた兵をあげて鄭を攻めようとし、自分が鄭を攻めるのは天の意志に従うためであるといわれる。これを譬えていうならば、ここに一人の者があって、その子が暴れ者で手がつけられぬというので、父がこれを鞭うったとする。これを見た隣家の父が棒を振りあげてこれを打ち、自分が打つのはその父の意志に従うものだ、と言ったとすれば、これは理にはずれてはいないでしょうか」といわれた。

子墨子は魯陽の文君に向って、「世の諸侯は、その隣国を攻めて、その人民を殺し、その牛馬や粟米貨財を奪って、このことを竹帛に書し、金石に刻し、鐘や鼎の銘にほりこみ、後世の子孫に伝え残して、『自分のように多く獲得したものはない』と誇っています。ところで、もし賤人がその隣家に攻めこみ、その人間を殺し、その犬豚や食糧衣類を奪いながら、そのことを竹帛に書し、供物を盛る器に銘をほりこみ、後世の子孫に伝え残して、『自分ほど多く盗んだ者はない』といえば、いかが思われますか」といわれたので、魯陽の文君も「なるほど、もっともである。あなたの言われることから考えると、世間で善いといっていることが、必ずしもそうでないことがわかった」といった。

子墨子は魯陽の文君に向って、次のように言われた。世俗の君子は、みな小事については知っていても、大事についてては知らないものである。

一犬一豚を盗めば、これを不仁というくせに、一国一都を盗めば、これを義であるとする。これを譬えていえば、少しく白を見たときはこれを白といい、多くの白を見たときにはこれを黒というようなものである。だから私が、世俗の君子は小事を知りながら大事を知らないというのは、このことをさして言っているのである。

魯陽の文君が子墨子に向い、「楚の南に啖《たん》人国(244)というのがある。その国では、長子が生まれると、その身体を裂いて食い、そうすることがあとから生まれてくる弟のためによいという。そして、その肉が美味であると、これを君主に贈り、君主が満足すると、その父を賞するということである。ひどい風習ではないか」といった。すると子墨子は「中国の風習も、やはりこれに似たものがあります。戦死者の子を賞するのがそれで、つまりその父を殺して、その子を賞しています。これは、その子を食って、その父を賞するのと違いはないではありませんか。もし仁義によるのでなければ、夷人がその子を食う風習を悪くいうことはできません」といわれた。

魯の君の寵愛していた者が死んだ。そのとき、魯の国人で、哀悼文を作った者があったが、魯君はこれを喜んでそのまま用いた。子墨子はこれを聞いて、「哀悼文というものは、死者の生前の志を述べるものである。ところが他人の作った哀悼文を喜んで、これをそのまま用いるのは、狸のような小さな獣に車を引かせるようなもので、その役目は果せないであろう」といわれた。

魯陽の文君が子墨子に向い、「あるものが私に忠臣について語り、『忠臣というものは、下をむけといえば下をむき、上をむけといえば上をむき、そのままにして置けば黙っており、呼ばれれば返事をするものだ』といった。このような人間は忠臣といえるだろうか」と問うた。子墨子は「下をむけといえば下をむき、上をむけといえば上をむくというのは、まるで影のようなものです。また、そのままにして置けば黙っており、呼ばれれば返事をするというのは、音の響きに似ています。あなたは影や響きから、何を得ることができましょうか。私の忠臣と考えるものについて申しましょう。君主に過ちがあれば、遠まわしにこれを諫め、自分に善いと思うことがあれば、これを君主に相談し、他の者には告げないようにします。君子の邪悪を正して善に向わせ、上に帰一するように努めて、下におもねり味方することがないようにする。かようにして、よいこと立派なことは上に帰し、怨讐は下に集まり、安楽は君上にあり、憂患は臣下にあるように仕向けるのであります。これが私の申す忠臣にほかなりません」といわれた。

魯の君が子墨子に向い、「私に二子がある。一人は学問を好み、一人は人に財を分けることを好んでいる。どちらを太子にすればよろしかろうか」と問われた。子墨子は「それはまだ判りません。時によると、賞賛や名誉を目あてにして、そのようにする可能性があるからです。たとえば魚釣りしている者が静かにしているのは、別に魚のためにするわけではなく、鼠に毒虫の餌をやるのは、鼠を愛するためではありません。あなたが二人の子の志と、その実際の行ないとを、合わせて御覧になることを、おすすめします」と答えられた。

　魯の人で、子墨子のもとに、その子を学ばせたものがあった。ところが、その子が戦いに出て討死した。そこで、その父が子墨子を責めた。すると子墨子は「あなたは自分の子に学問をさせようと思われ、いまその学問が成就したのである。それに戦って死んだからといって怒るのは、あたかも物を売ろうとして、買い手がついたことを怒るのと同じである。矛盾してはいないだろうか」といわれた。

　魯の南の片田舎にすむ人に、呉慮というものがあった。冬の間は陶器を焼き、夏は耕作して、自らを舜に比していた(245)。子墨子はこの話を聞き、出かけて面会された。呉慮は子墨子に向い、「一にも二にも、義を実行するだけだ。口で言うことなどは必要でない」といった。すると子墨子は「あなたがいう義とは、力があれば人のために働き、財があれば人に施すということであるか」と問われた。呉慮は「そのとおりだ」と答えた。そこで子墨子は「私もかつては、そのように考えたことがある。私も耕作して天下の人を養おうと思ったが、最大限に努めても、やっと農夫一人分の耕作しかできなかった。これを天下の人に分けてみても、一人あたり粟一升にもならない。たとえ一升の粟を手にしたところで、とても天下の飢えた人を満腹させられないことは明らかである。また私は衣を織って天下の人に着せようと思ったが、最大限に努めてみても、婦人の一人分の機織りしかできなかった。これを天下の人に分けてみたところで、一人あたり布一尺にもならない。たとえ一尺の布を手にしたところで、とても天下の寒さに凍えている人を暖かくさせられないことは明らかである。また私は堅い甲冑をまとい、鋭い武器を手にして、諸侯の患難を救おうと思ったことがある。しかし、いくら努力してみても、一人分の働きしかできなかった。一人分の働きでは、とても三軍を防ぎきれないことは明らかである。そこで私は、やはり先王の道をそらんじて、その理を求め、聖人の言葉に通じて、その意味を明らかにし、これによって上は王公大人に説き、次いでは身分の低い匹夫徒歩(246)の士に説くのが、一番よいと考えるようになった。もし王公大人が私の言を用いたならば、その国は必ず治まるであろうし、匹夫徒歩の士が私の言を用いたならば、その行ないは必ず修まるであろう。だから私も、たとえ耕作しなくても飢えた者に食わせることができるし、機を織らなくとも凍える者に衣を着せることができ、しかもその効果からいえば、耕作して食わせ、機を織って着せるよりも優れている、と考えるようになった。結局、耕作したり機を織ったりしなくても、その効果はこれにまさることを知ったのである」といわれた。

それでもまだ、呉慮は子墨子に「一にも二にも、義を実行するだけだ。口で言うことなどは必要でない」といった。そこで子墨子は「もし天下の人々が耕作するを知らなかったとすれば、これに耕作を教えるのと、耕作することを教えないで自分一人が耕作するのとでは、その効果はどちらが多いであろうか」と問われた。呉慮は「それは人に耕作を教える方が効果が多い」と答えた。子墨子がさらに「もし不義の国を攻めるような場合に、鼓を鳴らして軍隊を進撃させるのと、鼓を鳴らして軍隊を進撃させることをしないで自分一人が進撃するのとでは、どちらが効果が多いであろうか」と尋ねると、呉慮は「それは鼓を鳴らして軍隊を進撃させる方が、効果が多い」と答えた。そこで子墨子は「天下の匹夫徒歩の士には、義を知る者は少ない。他方、天下の人々に義を教えるということは、効果の多い仕事である。とすれば、口で説くことをやめる理由はないではないか。もし鼓を鳴らして人々を義に向って進ませることができれば、わが義はいよいよ前進することになるのではないか」といわれた。

子墨子が弟子の公尚過(247)を越に遊説させた。公尚過が越王に説いたところ、越王は大変喜んで、公尚過に「もし先生が子墨子を越に呼びよせて、私を教えるようにして下さるならば、もとの呉の地の五百里四方を割いて、子墨子を封ずることにしよう」といった。公尚過が承諾したので、越王は公尚過のために車五十乗を用意し、子墨子を魯より迎えさせた。公尚過(248)は「私が先生の道を越王に説きましたところ、越王は大いに喜ばれ、私に『もし子墨子を越に呼びよせて私を教えるようにしてくれれば、もとの呉の地の五百里四方を割いて、先生を封じたい』と申されました」と告げた。すると子墨子は公尚過に向って、「お前は越王の志を、どのように見たか。もし越王が私の言葉を聞き、私の道を用いようとするのであれば、私は出かけてもよい。ただその場合でも、腹相応に食事し、身に応じた服装をし、群臣なみの取扱いを受ければよいのであって、封地などは全く必要でない。またもし、越王が私の言葉を聞かず、私の道を用いないのであれば、これは義を売りつけに行くことになるだろう。同じ売りつけに行くならば、中国の内ですれば十分で、わざわざ遠方の越まで行く必要もあるまい」といわれた。

子墨子が弟子の魏越を遊説に出かけさせた。そのとき魏越が「四方の君子に面会できたときには、何をまず説いたものでありましょうか」と尋ねた。すると子墨子は「およそ、その国に入った場合には、その国の急務を取り上げて説くがよい。その国家が混乱しておれば、これに尚賢・尚同を説くがよく、その国家が貧しければ、節用・節葬を説くがよく、その国家が音楽を喜んで耽溺しておれば、非楽・非命を説くがよい。その国家が風俗乱れて礼がなければ、天帝を尊び鬼神に仕えることを説けばよい。その国家が侵略や略奪に務めていれば、これに兼愛・非攻を説くがよい。だから、その国の急務を取り上げて説くがよい、というのである」と告げられた。

子墨子はその弟子の曹公子を宋に仕官させた。三年ののち帰ってきて子墨子に目通りし、「始め私が先生の門に学びました頃は、短い粗布の衣を着て、あかざの汁をすすり、朝食はあっても夕食に事欠く有様で、鬼神を祭祀することもできませんでした。先生のお蔭をもちまして、始めの頃よりは生活も楽になり、謹んで鬼神を祭祀することもできるようになりました。ところが、それにもかかわりませず、家の内に死ぬ者が多く、家畜も殖えず、自身は病いに取りつかれている始末です。したがって、私には先生の道が果して実際に役立つのかどうか、わからないのです」と告げた。すると子墨子は「それはお前の考え方が間違っている。いったい鬼神が人間に向って要求するものは非常に多いのである。もしその人間が高い爵禄を持っていれば、それを賢人にゆずることを欲するし、財産が多ければ、これを貧者に分けることを欲するのである。鬼神というものは、いたずらに穀物や犠牲の供物だけを欲するものではない。ところが、お前は高い爵禄を持ちながら賢人にゆずろうとしない。これが第一の不祥である。財産が多いのに貧者に分けようとしない。これが第二の不祥である。いま、お前は鬼神に仕えるといっても、ただ祭るというだけではないか。しかも病気がどこからくるかといって疑っている。これはあたかも百門があるのに、一門だけを閉じておいて、盗賊がどこから入ってきたのかと疑うのと同じである。このような行ないをしながら、鬼神に百福を求めたところで、得られるはずはない」といわれた。

魯国の祝人が、一匹の豚を供えて祭り、鬼神に百福を求めた。子墨子はこれを聞かれて、「それはだめだ。いま人に少しばかりの施しをして、多くのお返しを望むならば、その人は施しをしてもらうことを、ひたすら恐れるに違いない。いま一匹の豚で祭り、百福を鬼神に求めるならば、鬼神は、なおこの上に牛羊を供えて福を求めに来るのではないかと、ひたすらに恐れるであろう。豚を供えて百福を求めるような心がけでは、たとえ富んだとしても、貧乏しているより劣るであろう」といわれた。

彭《ほう》軽生子という者が「過去のことは知ることができるが、未来のことは知ることができない」と言った。すると子墨子は「もし親が百里の遠方にあって、難に遇ったとする。一日のうちに到着できれば生かすことができるが、それよりおくれると命がない。このような場合に、堅固な車と良馬とがあり、他方には駑馬と角《かど》ばった車輪の車があって、どちらかを選べと言われたら、君はどちらに乗るか」と問われた。彭軽生子は「むろん堅固な車と良馬のほうに乗ります」と答えた。すると子墨子は「未来のことはわからぬというのは嘘ではないか」といわれた。

弟子の孟山が、楚の王子閭《りよ》(249)のことを誉めて、「むかし楚の白公が乱を起したとき、(250)王子閭を捕えて、斧鉞《まさかり》を腰にあてがい、矛《ほこ》や剣を胸にあてて、『王になったら生かそう。王にならなければ殺そう』といったところ、王子閭は『私を侮るな。お前は私の親を殺しながら、私を喜ばすために楚国を与えようという。私はたとえ天下を与えられても、それが不義ならば受けるつもりはない。いわんや天下より小なる楚国を受けようぞ』といい、ついに王とならずに殺された。まことに王子閭は仁者ではありませんか」といった。すると子墨子は「いかにも凡人に為しがたいことは事実であるが、さりとて仁者であるとも言えぬ。もし現在の王が無道であると思えば、これに代って王位を受け、国を治めればよい。もし白公が不義であると思えば、いったん王位を受け、白公を誅してのちに、王位を返せばよいはずである。だから、凡人にはなしがたいことをなしたとはいえ、まだ仁者とはいえぬ、と言うのである」と告げられた。

子墨子は弟子の勝綽《しょうしゃく》を、斉の項子牛(251)に仕えさせた。ところが項子牛は三たび魯の地を侵略し、勝綽は三度ともこれに従っていた。子墨子はこれを聞き、弟子の高孫子を項子牛のもとにやり、勝綽をやめさせてほしいと申し入れ、「私が勝綽をあなたのもとにやったのは、あなたの驕《おご》りを止め、邪悪を正すためでありました。ところが勝綽は高禄を受けながら、あなたを欺きました。あなたは三たび魯を侵されましたが、勝綽は三度ともこれに従っています。これでは馬の胸あてに鞭をくれたようなもので、私の思ったのとは逆の方向に導いたことになります。私の承るところでは、義を口にしながら実行しないのは、その明知を傷つけるものだ、ということであります。勝綽もこれを知らないはずはないのですが、ただ禄が義に勝ったのでありましょう」と告げられた。

むかし楚国の人と越国の人とが、揚子江で舟戦したことがあった。楚の方は、流れに従って進み、流れに逆らって退くかたちであったから、利を見て進むにはよいが、不利を見て退くには都合が悪かった。越の方は、流れに逆らって進み、流れに従って退くかたちであったから、利を見て進むのはおそいが、不利を見て退く場合には、はなはだ速やかであった。越国の人は、このような形勢に乗じて、しばしば楚の軍を破った。このとき公輸子《こうしゆし》[252]は、魯から南して楚に来ていたが、始めて舟戦のための武器を発明し、鉤拒《こうきょ》という道具を作り、退こうとする者は鉤でひきとめ、進もうとするものは拒で制止した。そして、この鉤拒の長さを量り、これに応じて武器を作った。この道具のおかげで、楚の兵の進退は統制がとれたのに反し、越の兵には統制がなかった。このため、逆に楚の軍がしばしば越軍を破るようになった。

そこで公輸子は腕のよさを誇り、子墨子に向って、「私には舟戦のための鉤拒がある。あなたは義のための鉤拒を持っているかね」といった。すると子墨子は「私が持っている鉤拒は、君の舟戦のための鉤拒よりも、すぐれていると思う。私の鉤拒というのは、これを愛で鉤《ひき》とめ、恭敬で拒《ひき》とめるのである。愛で引きとめなければ狎《な》れ狎れしくなりすぎる。狎れるばかりで親しくならなければ、離れるのも速やかであろう。だから私の鉤拒を用いれば、交《こも》ごも相愛し、交ごも相恭敬しあうことになるのであり、それはやがてまた相互に利することにもなるのである。ところが君は鉤で人を引きとめようとするが、それなら人もまた鉤で君を引きとめようとするだろう。君は拒で人を制止しようとするが、人もまた拒で君を制止しようとするだろう。交《こも》ごも引き止めあい、交ごも制止しあうことは、やがてまた相互に害しあうことになる。だから私の義のための鉤拒は、君の舟戦のための鉤拒よりも、すぐれていることになるのである」といわれた。

公輸子は、竹や木を削って鵲《かささぎ》をつくり、できあがったのでこれを飛ばしてみると、三日間も地上に降りて来なかった。公輸子は自分の名人芸を自慢した。すると子墨子は公輸子に向って、「君は鵲を作ったけれども、それは大工が車の轄《くさび》を作るのには及びもつかない。大工は忽ちのうちに三寸の木を削って轄を作りあげ、しかもそれは五十石の重さの荷物に耐えるのである。だから作りあげたものが、人間に利益をもたらすときは、これを巧といい、人間に利益をもたらさぬ場合は、これを拙というのである」といわれた。

公輸子が子墨子に向って、「私がまだあなたのお目にかからなかった時は、宋の国を手に入れたいと思っていた。しかし、あなたのお目にかかったのちは、たとえ私に宋国をくれる者があったとしても、義に合わぬかぎり、受け取る気持がなくなった」といった。すると子墨子は「私がまだ君に会わなかった時には、君は宋の国を手に入れようと思っていたが、私が君に会ってから後は、君に宋国をやろうという者があっても、義に合わねば受け取る気がしなくなった、といわれる。これで私は、君に宋国を与えたと同じほどのものを、君に与えたことになる。君はさらに義に努力されよ。私もさらに、天下にも均しいものを君に与えることになるだろう」といわれた。

公輸篇(253)

公輸盤(254)は楚のために雲梯(255)という機械を造り、すでに完成したので、まさに宋を攻めようとした。

子墨子はこれを聞き、斉から出発し(256)、十日十夜にして楚の都の郢《えい》に到着し、公輸盤に面会した。

公輸盤は「あなたは私に何か御用ですか」と尋ねた。すると子墨子は「北方で私を侮辱したものがある。あなたの力を借りて、これを殺したいと思うのです」といわれた。公輸盤は不愉快な顔をした。そこで子墨子は「あなたに千金を差し上げよう」といわれたところ、公輸盤は「私は主義として人殺しはしないことにしている」と断わった。

そこで子墨子は立ちあがり、改めて再拝の礼を行なってから、「私が北方にいたとき、あなたが梯を作って、宋を攻めようとする話を聞いた。いったい宋の国には何の罪があろうか。楚の国は、土地が余っていて人口が足りない。その足りない民を殺して、あり余る土地を奪おうとして争うのは、賢明であるとは言えない。宋には何の罪もないのに、これを攻めるのは仁とは言えず、その非を知りながら君主を諫めないのは忠義とは言えない。また諫めても聞き入れてもらえないようでは、剛直とは言われない。主義として少数の人間を殺さないくせに、多数の人間ならば殺すというのでは、類推の理を知るものとは言えないであろう」といわれた。

そこで公輸盤も、その理に承服した。子墨子が「承知されたのなら、是非とも中止してもらいたい」といわれると、公輸盤は「それはできない。私はすでにこのことを王に申し上げてしまった」という。子墨子が「私を王に会わせてほしい」といわれると、公輸盤は「承知した」と答えた。

子墨子は王に会見して、「いまここに人があって、自分の家に立派な車があるのに、隣家に敝輿《ぼろぐるま》があると盗み心が起り、錦繡の衣があるくせに、隣家の短褐《ぼろぎ》があると盗みたくなり、粱《あわ》や肉があるくせに、隣家の糠糟《ぬかかす》を見ると盗みたくなる。このような人間を、どうお考えになりますか」といわれると、王は「盗癖があるというよりほかはあるまい」と答えた。

そこで子墨子は「楚の地は五千里四方ありますのに、宋の地は五百里四方しかありません。あたかも立派な車と、敝輿《ぼろぐるま》とのようなものです。楚には雲夢の沢があり、そのうちには犀や兕《じ》、麋《び》や鹿などが満ちており、揚子江や漢水の魚・鼈《すっぽん》・黿《おおがめ》・鼉《だ》などの豊富なことは天下第一であります。ところが宋は雉兎や狐狸さえもいないといわれる土地柄です。あたかも粱《あわ》や肉と、糠糟《ぬかかす》ほどの違いがあります。また楚には長松・文梓《ぶんし》・楩《びん》枏《だん》・予章《くすのき》などありますのに、宋には高木がありません。これはあたかも錦繡と短褐《ぼろぎ》とほどの違いがあります。この三事によって申しますと、王が宋を攻められるのは、(257)さきに申した盗人の話と同類であることになります。大王がそのようなことをなされば、義を傷つけるばかりで、得るところはないと存じます」といわれた。

するとと王は「なるほど、そのとおりである。しかし公輸盤が私のために雲梯を作り、どうしても宋を取ろうとしているのでね」といった。

そこで子墨子は、公輸盤と立会い、まず子墨子が帯を解いて、城のかたちを作り、小さな木札で櫓《やぐら》を作った。公輸盤は九度も城を攻める計略を設けたが、子墨子は九度ともこれを防いだ。ついに公輸盤の攻め道具は尽きてしまったが、子墨子の防禦にはなお余裕があった。公輸盤は遂に屈して、「私はあなたを防ぐ方法を知っているが、言いたくない」といった。すると子墨子も「私も君を防ぐ方法を知っているが、言わないでおこう」といわれた。

楚王がその理由を尋ねられると、子墨子は「公輸子のつもりでは、私を殺せばそれでよいと思っているのです。つまり私を殺せば、宋には防禦のできる者がなく、攻略できると考えているのです。しかしながら、私の弟子である禽滑釐《きんこつり》ら(258)三百人が、すでに私の防禦の道具を持って、宋の城の上にあり、楚の攻め入るのを待ち構えております。たとえ私を殺しても、宋を守る者をなくすることはできないでしょう」と答えられた。そこで楚王も「もっともな次第である。宋を攻めることは中止することにしよう」といった。

子墨子は帰国しようとして、宋を通りすぎようとした。雨が降ってきたので、里門に雨宿りしようとしたところ、里門の番人は、子墨子が誰であるかを知らず、入ることを拒絶した。これは諺にある「事を神妙のうちに運ぶ者は、衆人はその何人の功《わざ》であるか知らず、功を明白のうちに争う者は、衆人はその為せる人を知る」というのに当るものであり、子墨子が神妙のうちに功を立てたことを物語るものである。

訳註

（1）尚賢篇は上中下三篇あるが、いずれも大同小異なので、ここでは上篇のみを訳し、中下二篇を省略した。

いったい墨子の書では、この尚賢篇ばかりでなく、尚同・兼愛・非攻・節用・節葬・天志・明鬼・非命などの篇は、みな上中下の三篇から成立している。ところで、その上中下三篇の内容についてみると、字句に多少の異同はあるけれども、大旨は殆んど変らないといってよい。そこで清の兪樾は、「墨子間詁序」において、次のような説を立てている。すなわち『韓非子』の顕学篇を見ると、墨子の死後、その学派が分裂して相里氏・相夫氏・鄧陵氏の三派が生じた、とある。これによって考えると、『墨子』の諸篇が上中下の三篇から成っているのは、これらの三派がそれぞれ別個に伝えてきたテキストを、後人が合せて一本にしたためであろう、というのである。この兪樾の説は、今日でも支持するものが少なくない。しかし他方から考えると、上中下の三篇は、互いに相補いあって意味を明確にしてゆくという面が見られるのであって、あるいは最初から三篇にする意図の上に書かれた、と見られないわけではない。元来、墨子の文章には繰り返しが非常に多い。それは同一の篇内においても見られる。あるいは墨子の語った相手が、無学であったせいであるかも知れない。上中下三篇の構成も、このような事情によって生まれたとも見られる。

(2) 原文には「故古者聖王之為政、列徳而尚賢、雖在農与工肆之人、有能則挙之、高予之爵、重予之禄、任之以事断」となっている。このうちで「農と工肆に在るの人と雖も、能あらば則ち挙げ」といっているのが注目される。これは官吏を採用する範囲を、従来のように士の身分だけに限定せず、ひろく農工商に従事するものにまで及ぼそうとするものである。この尚賢という一篇は、単に賢人を尊ぶというだけのことではなく、その中には革命的な意味が含まれている。墨子の時代、すなわち戦国時代(西暦前三、四世紀)までは、いわゆる封建の時代で、支配階級である士の身分は世襲されていた。ところが戦国の実力時代に入るにつれて、きわめて徐々にではあるが、この士の身分の封鎖性が破られ始める。そして秦漢の大帝国時代になると、ついに官吏の身分は開放的なものになり、原則としてはいかなる職業にあるものも官吏に登用される機会を与えられ、士の身分は一代限りとなるのである。しかし、このような機運は、墨子の頃にはまだその徴候が現われ始めた程度に過ぎなかったものと思われる。それにもかかわらず、墨子がこのような発言をし、官吏となるべき人材を農工商の分野に求めよと主張したのは、彼の見識が時代よりも一歩先んじていたことを示すものといえよう。

(3) 原文には「官無常貴、而民無終賤」とある。その意味は、一定の貴族階級が官職を独占することなく、民間の賤しい身分のものにも官吏となる機会を与えよ、というのである。この墨子の言葉は、戦国時代から秦漢の大王朝時代にかけての、身分制の変遷を象徴するものとして、大いに注目に価する。

(4) この篇も上中下の三篇になっているが、重複が多いので、三篇のうちで最も内容の豊かな中篇を訳することにした。「尚同」という言葉の意味は、前の「尚賢篇」に準ずると、尚は尊と同意、したがって「同化を尊ぶ」という意に解せられる。しかし篇中の「尚同」という語の用法から見ると、尚は上で、上たる天子に同化するという意味にも解せられる。おそらく両様の意に用いられているのであろう。この尚同篇は、墨子の政治論を見る上に重要な篇であるが、特にその国家起原説に特色がある。のちにも現われているように、墨子の思想の根本には、天神・上帝に対する厚い信仰があるのであるから、その国家起原説においても神権説をとるのが当然であるように思われる。ところが予想に反して、墨子はむしろ民約論に近い立場をとっている。むろん、その民意の背景には上帝の意志が含まれているのではあるが、直接的に現われたかたちとしては民約論の方向をとっているのである。すなわち君主の存在しなかった太古の世では、一人一義、十人十義というように、各人の主張がそれぞれ異なっており、そのために争いが絶えなかった。そこで天下の民のうちで最も賢明な人間を選んで、天子に推戴し、これによって人々の意見の統一を計るようになった。さらに天子を助けるものとして、三公・諸侯・将軍・大夫を始めとし、郷長・里長の末に至るまで、すべて民意によって選任されるようになった、というのである。このような墨子の民約論風な考え方は、天子が天命によって定められるという儒家の神権説的な主張とは、おのずから異なった方向にある。ただし、墨子も天の神に対する強い信仰をもっているのであるから、かくして選ばれた君長は、天神を厚く敬い、その意志に従う義務をもつとされるのであって、そのことはこの篇の中ごろにも述べられている。次に、この尚同篇の眼目は、人々その主張を異にする一人一義、十人十義の分裂した社会に統一をもたらすことにあるのであるから、君主たる者は、道家の説くように無為自然・自由放任の態度をとることは許されず、勧善懲悪のための賞罰を行なう必要がある。この点では儒家に近いばかりでなく、むしろ法家に近いのではないかという印象をさえ与える。しかしながら、その君主は民意によって選ばれたものであり、「賢明善良の徳をそなえ、聡明で知慧のすぐれた人物（賢良聖知弁慧之人）」なのであるから、その本質においては、やはり哲人政治・道徳政治であったことがわかる。ただ、民意による選任ということを説きながら、その具体的な方法については全く触れることがなく、まして人民による投票などは夢想さえもしていないように見える。これは不徹底といえばいえるが、このような伝統が全くなかった中国においては、けだしやむを得ないところであろう。

(5) 臣下の最高位で宰相にあたる。周では太師・太傅《たいふ》・太保を三公とよんだ。

(6) 醴は、一夜でできる甘味の酒、ひとよざけ。粢は穀物の総称で、粢盛は神に供える穀物のこと。

(7) 有苗または苗民というのは、いま中国の西南部に住む苗族の祖先で、古代には中国の内地にいたものと見られている。五刑については、次註の五殺の刑を参照。

(8) 『尚書』（書経）の篇名。墨子の引用している原文は「苗民否用練、折則刑、唯作五殺之刑、曰法」となっているが、現在伝えられている『尚書』呂刑の文は、「苗民弗用霊、制以刑、惟作五虐之刑、曰法」となっている。ここに五殺の刑、もしくは五虐の刑といっているのは、後漢の鄭玄の説明によると、殺・刵（みみきり）・劓（はなきり）・椓（宮刑）・黥（いれずみ）の五刑をさすという。

(9) 今の『尚書』の説命篇をさすものと見られる。ただし、ここに引用された「惟口出好興戎」という句は、今の説命篇には見えず、大禹謨篇に見えている。孫詒譲の説によると、今の大禹謨篇は後人が断片を寄せ集めて偽作したものであるから、この句はもと説命篇にあったのであろうという。

(10) 原文には「相年」になっているが、畢沅の説に従って改めた。原文には「夫建国設都、乃作后王君公、否用泰也。卿大夫師長、否用佚也。維弁使治天均」となっている。今の『尚書』の説命中篇に、これとほぼ文意のひとしい語句が見えている。

(11) この詩は、『詩経』の小雅の皇皇者華の篇に見えている。墨子の引用している原文では「我馬維駱、六轡沃若、載馳載駆、周爰咨度」「我馬維騏、六轡若糸、載馳載駆、周爰咨謀」となっており、現在の『詩経』では、この二句の順序が逆になっている。

(12) 兼愛の説は、墨子の中心思想の一つであり、かつ特徴あるものであるから、一般にも最もよく知られている。この兼愛篇も上中下の三篇に分れているが、内容は重複したものが多い。しかし墨子のうちでは重要な篇なので、三篇とも訳出することにした。兼愛の兼は、幷（あわせる）・包（つつむ）といった意味をもつが、要するに無差別の博愛を意味すると見てよい。この兼愛が別愛に対立することは、下篇に見えている。

(13) 周の封建制度では、天子・諸侯・卿・大夫・士・庶人の身分の別があった。

(14) 紀元前六三六―六二八在位。春秋時代の名君で、斉の桓公に次いで覇者となり、斉桓晉文と並称された。

(15) 紀元前五四〇―五二九在位。春秋時代の楚の君主。楚は当時まだ蛮族の国とされ、別格の扱いであったので、その君主は王と号していた。

(16) 紀元前四九七―四六五在位。はじめ呉王闔閭を破ったが、のちその子の夫差に報復され、会稽の地で降服した。かくて勾践は、その臣の范蠡とともに嘗胆の生活を送り、ひそかに再起を計ったが、前四七七年、ついに呉王夫差を破り、会稽の恥をそそいだ。

(17) 夏王朝の始祖とされる、なかば伝説上の帝王である。『尚書』などによると、堯舜の時代に大洪水が起り、禹はその命を受けて治水にあたり、その成功によって舜から帝位のゆずりを受けたという。この墨子の兼愛篇に見える禹の話は、禹伝説の中でも古い方に属し、かつ重要な要素をふくんでいる。つまり、ここに見える禹の伝説は、治水伝説というよりも、天地創造の神話に近い性格をもっているからである。ここでは洪水のことは触れておらず、ただ現在の河川や沢地が禹王によって作られたことを述べているだけであるからである。このことは禹伝説の性格を考える上に、重要な資料を提供するものと見られる。

(18) 周王朝の基礎を作った名君。中国西北部にあたる豊邑（陝西省西安付近）に都を定め、西伯と号した。

(19) 文王の子で、殷の紂王を滅ぼして周の王朝を立てた。儒家では、いわゆる古《いにし》えの聖王として、堯・舜・禹・湯・文・武をあげるが、この点では墨子も同様である。

(20) 原文には「泰山、有道曽孫周王、有事、大事既獲、仁人尚作、以祗商夏蛮夷醜貉、雖有周親、不若仁人、万方有罪、維予一人」とある。なお、この墨子の引用文によったと推定される『尚書』の偽古文の武成篇には、「惟有道曽孫、周王発、将有大正子商」とあり、同じく泰誓篇に「雖有周親、不如仁人」「百姓有過、在予一人」とある。

(21) 原文では「六王」になっているが孫詒譲の説に従って四に改めた。四王とは、下文に見える文王・禹王・湯王・武王である。

(22) 槃は盤と同じで、皿または鉢の類。盂は皿または椀の類で、共に飲食を盛るのに用いる。

(23) 『尚書』の篇名。尚書篇の下、天志篇の中、非命篇の引用文では「大誓」となっているが、ここだけが泰誓となっていて、今の偽古文『尚書』と一致している。孫説では、これは後人が大を泰に改めたのであろうといっている。

墨子の原文は「文王若日若月、乍照光于四方、于西土」となっており、今の『尚書』の泰誓では「嗚呼惟我文考、若日月之照臨、光于四方、顕于西土」となっている。

(24) 『尚書』の篇名と思われるが、今の『尚書』には、この篇名がない。原文では「済済有衆、咸聴朕言、非惟小子、敢行称乱、蠢茲有苗、用天之罰、若予既率爾対諸群、以征有苗」となっている。いま孫説に従って「群対諸群」を「群封諸君」に改めて訳した。なお今の『尚書』の大禹謨篇には「禹乃会群后、誓于師曰、済済有衆、咸聴朕命、蠢茲有苗、昏迷不恭」とある。

(25) 『尚書』の篇名と思われるが、今の『尚書』にはない。原文は「惟予小子履、敢用玄牡、告於上天后、曰、今天大旱、即当朕身履、未知得罪于上下、有善不敢蔽、有罪不敢赦、簡在帝心、万方有罪、即当朕身、朕身有罪、無及万方」となっている。今の偽古文の湯誥篇には「敢用玄牡、敢昭告于上天神后、請罪有夏、」「茲朕未知獲戻于上下、」「爾有善、朕弗敢蔽、罪当朕躬、弗敢自赦、惟簡在上帝之心、其爾万方有罪、在予一人、予一人有罪、無以爾万方」とある。なお『論語』の堯曰篇には「予小子履、敢以玄牡、敢昭告于皇皇后帝、有罪不敢赦、帝臣不蔽、簡在帝心、朕躬有罪、無以万方、万方有罪、罪在朕躬」となっている。湯王は、名は履、殷(商)王朝の始祖であり、聖王とされている。ここの引用文にも「今天大旱、即当朕身履」とあるように、大旱の時に自ら犠牲となって降雨を祈ったという伝説が有名で、『呂氏春秋』の順民篇を始めとする諸書に見えている。

(26) ここの墨子の引用文の前半は『尚書』の洪範篇に見え、後半は『詩経』の小雅大東篇に見える。すなわち墨子の引用文は「王道蕩蕩、不偏不党、王道平平、不党不偏、其直若矢、其易若厎、君子之所履、小人之所視」となっており、『尚書』洪範篇には「王道蕩蕩、無党無偏、王道平平、無反無側」とあり、『詩経』大東篇には「周道如砥、其直如矢、君子所履、小人所視」とある。

(27) この一節の原文は、かなり乱れており、判読に困難を覚えるが、孫説その他を参考にして訳文のようにした。なお原文は次のとおりである。「然即之交孝子者、果不得已乎、毋先従事愛利人之親者与、意以天下之孝子為遇、而不足以為正乎」

(28) 原文では「無言而不讐、無徳而不報、投我以桃、報之以李」となっており、『詩経』の大雅抑篇に「無言不讐、無徳不報」「投我以桃、報之以李」とある。

(29) 兼愛篇(中)の註(15)参照。

(30) 兼愛篇(中)の註(16)参照。

(31) 兼愛篇(中)の註(14)参照。

(32) 友兄は、弟に対して友愛の心ある兄。悌弟は、兄に対して従順な弟。

(33) 非攻篇も上中下の三篇に分れている。非攻とは攻撃すなわち侵略戦争を非とするという意味であり、兼愛とともに墨子の中心思想の一つである。それが天意にもとづくことは、下篇において詳らかにされている。
(34) この一節の原文は次のとおりである。「殺一人、謂之不義、必有一死罪矣。若以此説往、殺十人、十重不義、必有十死罪矣。当此天下之君子、皆知而非之、謂之不義。今至大為不義、攻国、則弗知非、従而誉之、謂之義、情不知其不義也。」
(35) 城は内城、郭は外城をいう。『墨子』雑守篇に「おおむね万家にして城方三里」とあり、『孟子』の公孫丑篇にも「三里之城、七里之郭」の語が見える。いずれも小国をさすものと見られる。
(36) 原文には「万乗之国」とある。万乗の国とは、兵車一万を有する国の意で、普通には天子の国をさすが、ここでは単に大国を意味する。
(37) 種々の説があるけれども確実でない。
(38) 今の山東省莒州にあった小国。
(39) 陳は今の河南省陳州府、蔡は河南省汝寧府にあった国。
(40) 且は租とも書き、北狄の国。不著何は不屠何とも書き、やはり北狄の国で、満州錦州錦県の西北にあった。
(41) 紀元前五一五—四九六在位。越王勾践と戦って敗死し、太子の夫差に復讐を遺言した。
(42) 紀元前四九六—四七三在位。越王勾践を破り、これを会稽山にとじこめ、降服を許した。その後、臥薪嘗胆した勾践は、呉を撃って滅ぼし、会稽の恥を雪いだ。夫差は僻地に移されようとしたが、これを恥じて自殺した。

(43) 姑蘇は江蘇省蘇州にある山の名。ここに夫差が壮麗な楼台を作ったことは、『国語』呉語にも見える。

(44) 原文には「徙大内」とあるが、王念孫の説に従って「徙大舟」に改めた。呉の大舟を徙した話は、『国語』呉語および『呉越春秋』に見える。

(45) 晉国には六卿があり、それぞれ軍隊を指揮下においていたので、六将軍ともいう。晉の六卿は、韓氏・趙氏・魏氏・范氏・中行氏・智氏である。このうち韓・趙・魏は、それぞれ自立して独立国となった。

(46) 晉の六卿のうちの智氏で、名は瑶。伯というのは、彼が智氏一族の宗家であることを示す称呼である。紀元前四五三に殺された。

(47) 趙襄子は、晉の六卿のうちの趙氏である。襄子は諡《おくりな》で、名は無恤という。晉陽は山西省太原府。

(48) 原文には「脣亡則歯寒」とある。『左伝』僖公五年にも、諺曰として同じ言葉を引用している。外部にある唇がなくなれば、内部にある歯も直接外気にさらされて寒冷に犯されるの意。

(49) 原文には「詩曰、魚水不務、陸将何及乎」とある。魚は水中にあるときは泳ぐことに専念すべきであって、一旦、陸上に引き揚げられるようなことがあれば、後悔しても及ばぬとの意。この詩は、今の『詩経』にはなく、いわゆる逸詩である。

(50) 原文には「古者有語曰、君子不鏡於水、而鏡於人、鏡於水、見面之容、鏡於人、則知吉与凶」とある。水を鏡にすれば顔を見ることができるが、人を鏡とすれば吉凶得失の所在を知ることができるの意。

(51) 非攻の中篇が、侵略戦争が不利益をもたらすことを主として述べているのに対し、この下篇では非攻が天の神の意志に合致することに重点をおいている。

(52) 原文は「今天下之所誉善者」となっているが、張純一の『墨子集解』の説に従い、「善」を「義」に改めて訳した。

(53) 社も稷も神の名。社は土地の神とされ、稷は穀物の神とされる。この二つの神は、国家の祭祀の代表的なものであるため、社稷という語は転じて国家の同義語としても用いられる。この場合の用法は、どちらかといえば原義に近いものと思われる。

(54) 数行前の「これを上にしては」、および数行後の「これを下にしては」に対している。

(55) 原文では「為利人也博矣」とあるが、いまは「為」の下に「不」を補って訳した。

(56) 尚同篇の註(7)を参照。

(57) この一節は、原文では「子未察吾言之類、未明其故者也」となっている。この表現は、大取篇の「辞以故生、以理長、以類行」と相通ずるものである。このうち「類」は「比類」の意味であるが、さらに説明すると、事物の性質のうちで類似共通したものを言葉で捕えるという意味である。従って、今日の言葉でいえば「概念」に近いものと思われる。

(58) 有苗と同じ。苗族のこと。

(59) 原文には「有神人面鳥身、若瑾以侍、搤矢有苗之祥」とある。「祥」は孫説によって「将」に改めて解したが、他の部分は不明なので、しばらく本文のように訳しておいた。

(60) この一節の原文は「帝乃使陰暴毀有夏之城」とあるが、「陰暴」の意味が不明なので、これを省略して訳した。
(61) 火の神の名。あるいは火を司る官職の名ともいう。
(62) 殷の都で、亳《はく》とも書く。今の安徽省亳州の地。
(63) 原文は「兼夜中」となっている。いま張純一の『墨子集解』の説により、上に「飲」の字を補って訳した。
(64) 岐は周の文王の時代に都のあった地。今の陝西省岐山県。社は土地の神を祭る。
(65) 周の文王の賢臣。尚賢篇にもその名が見えている。
(66)『史記』楚世家によると、周の文王に仕えた鬻熊の子であるという。
(67) 孫詒譲は盧説によって、緊を繫に改めている。ただし、その人物については確実な説明がない。
(68) 唐叔は、名は虞、周の成王の弟で、唐に封ぜられた。唐は後に国名を晋と改めた。呂尚は太公望で、斉国の祖である。
(69) 幣帛は神または天子・賓などに奉る礼物の織物のことであるが、同時に通貨としても用いられた。
(70) 原文では「以此効大国」になっている。いま意をもって大を小に改めた。
(71) 節用篇も、もとは上中下の三篇があったはずであるが、現在では下篇が失われて、上中の二篇だけになっている。しかも中篇には欠文が多く、その主張も殆んど上篇の内容に近いので、いまは上篇だけを訳し、中篇を略することにした。
この節用、すなわち消費を節約せよという主張も、墨子の思想の重要な特色の一つになっているものである。節葬や節楽ということも、その根本は節用にあるといってよい。そして節用の目的とするところは、すべて民生の安定ということにある。

(72) 原文には「五兵」とある。五兵という語は、『周礼』の司兵にも見えており、鄭衆の註では、五兵とは戈・殳《しゅ》・戟・酋矛・夷矛であるといい、鄭玄の註では、歩兵の場合には夷矛の代りに弓矢を用いるといっている。

(73) これ以下は、人口の増殖の必要を説いている。節用と人口増殖とを並べて説くのは、おかしいようであるが、古代の封建国家は、租税と課役に依存することが大きいから、人口の増大はそのまま国富の増加を意味していたのである。

(74) 原文には、「昔者聖王為法曰、丈夫年二十、毋敢不処家、女子年十五、毋敢事人」とある。同様の説は、『韓非子』の外儲説、『説苑』の貴徳篇などにも見える。

(75) 侵就偎橐。諸説があるけれども、いずれも想像の範囲を出ず、意味不明。

(76) 節葬篇も上中下の三篇があったが、いまは上中二篇が失われて、下篇だけが残っている。この節葬の論は、その節用論の延長として見ることができるが、しかしそれだけに止まらない。この篇を読むと、当時の庶民が葬礼のために破産するのが珍しくなかったことや、王公大人の場合には多数の殉死者を出したことがわかる。いわば葬礼は当時における最大の奢侈であったといえよう。しかし祖先崇拝の盛んな中国においては、この墨子の論は多大の抵抗と非難とをもって迎えられたのであって、それだけに墨子の論のうちでも特色のあるものである。

(77) 棺は内側に用い、椁は棺のそとから二重におおうもの。

(78) 珠はまるいたま。璣はまるくないたま。
(79) 金属製のものであるかに思われるが、詳細なことは不明。
(80) この一節の原文は次のとおりである。「天子（諸侯）殺殉、衆者数百、寡者数十。将軍太夫殺殉、衆者数十、寡者数人」
(81) 『礼記』曲礼篇によると、五官は司徒・司馬・司空・司士・司寇、六府は司土・司木・司水・司草・司器・司貨である。
(82) 姑は父の姉妹、姉は自分の姉。姉だけをあげて妹を言わないのは脱文か、それとも省略したものと思われる。甥は、自分の姉妹の子。舅は、自分の母の兄弟。
(83) 原文では「参耕之畝」とある。孫詒譲の説によれば、三耦耕の畝の意味で、つまり一尺幅のすきを三つ並べた広さを意味するという。いま、これに従った。
(84) 『説文』では、楮であるという。『詩経』鶴鳴の伝に、粗悪な木であるとしている。
(85) 穀木と同じく腐りやすい木である。
(86) 原文では、この下に「絞之不合、道之不埳」の句があるが、意味不明のため省略した。
(87) 幽王は周の第十二代の王で、紀元前七八二―七七一在位。当時、周の王室の権威は次第に衰えていたが、幽王は褒姒《ほうじ》を寵愛して政治を怠り、犬戎のために殺された。厲王は周の第十代の王で、暴政が多かったために国人にそむかれ、亡命して死んだ。
(88) この一節の原文は次のとおりである。「昔者越之東有輆沐之国者。其長子生、則解而食之、謂之宜弟。其大父死、負其大母而棄之。曰、鬼妻不可与居処。」博物志に引く墨子には「父死則負其母而棄之」となっており、新論には「其人父死、即負其母而棄之」となっていて、いずれも「大父」「大母」すなわち祖父祖母ではなく、父母としている。あるいはこれの方が正しいのではないかと思われる。

(89) この一節の原文は次のとおりである。「楚之南有炎人国者、其親戚死、朽其肉而棄之、然後埋其骨、乃成為孝子。」このうち「炎人国」は、『墨子』魯問篇および新論では「啖人国」となっている。従うべきであるかも知れない。また「親戚」という語について、孫詒譲は古書では父母のことを親戚と呼ぶ例があるという。下文に「乃成為孝子」とあるところから見て、孫説に従うべきであろう。

(90) この篇も上中下の三篇に分かれている。天志というのは天の意志という意味であるが、墨子のいう天志には、やや特殊な意味がふくまれている。墨子の場合、天志は天命に対する言葉である。天命は、本来的には天の命令という意味であるが、転じて運命の意に用いられることが多い。ところで墨子は断乎として、運命、宿命の存在を否定する。そのことは非命篇に詳論されている。そして墨子は、この天命に代るものとして、天志の存在を強調する。

天命と天志とが異なるところは、天命すなわち運命が、非合理的要素、道徳否定の要素をもつのに対して、天志は兼愛交利という道徳的内容をもつところにある。したがって運命の支配するところでは、善人必ずしも天の祝福を受けず、悪人必ずしも天罰を受けることなく、徳と福とが矛盾する。これに反して、天志の支配するところでは、行為の善悪が必ず天の禍福に正しく対応するのであって、ここでは徳と福とが完全に一致する。一言でいえば、天命が「運命」であるのに対して、天志は天の「摂理」を意味する。なお巻末の解説を参照されたい。

(91) 一家の長という意味であるが、必ずしも父を意味しない。中国で家というのは、本家を中心とした分家の集合、すなわち宗族を意味することが多い。この場合もそれで、家長とは宗族の長を意味すると見られる。

(92) 原文には「親戚兄弟」とある。孫説にしたがい、親戚を父母と解した。節葬篇註(89)参照。

(93) この一節の原文は「且夫義者政也。無従下之政上、必従上之政下」となっている。天志篇の下篇では「然而正者、無自下正上者、必自上正下」とあり、以下すべて「政」が「正」に置きかえられている。これは政と正とが相通ずるからである。もともと政の原義は、『説文』にも「政とは正なり」とあるように、ただすという意味であると考えられる。つまり人や物のありかたを正しくすることが、すなわち政治である。

(94) この一節の原文は「以其兼而食焉」となっている。天帝が人間から供物の食糧を受け取るのは、あたかも領主が領民から年貢として食糧を受け取るようなものであり、天が万民の領主である証拠になるというのである。

(95) この一節の原文は「今天下之士君子之書、不可勝載、言語不可尽計。上説諸侯、下説士」となっている。この記事は、墨子の当時に多数の書物が存在していたこと、また諸侯に自己の主張を説く諸子百家ふうの人々があったことを暗示するものとして注目される。

(96) この一節の原文は「義者善政也」となっている。兪樾は「善」を「言」の誤りとしているが、いまこの説に従って訳した。政治の「政」が、正すという意味をもつことについては天志篇(上)註(93)を参照。

(97) この一節の原文は「又以先王之書、馴天明不解之道也知之」とある。いま「解」を「懈」すなわち怠るの意に解して訳した。
(98) 環は周囲が円く、中央に円い穴のある玉。璧は周囲が円く、中央に方形の穴のある玉。
(99) この一節の原文は「今夫天、兼天下而愛之、撽遂万物以利之」とある。「撽遂」の二字の意味が不明なので、しばらく本文のように訳しておいた。
(100) 槃は盤に同じ。食物を盛るはち、または沐用のたらい。盂は食物を盛る椀のごときもの。
(101) この一節の原文は「皇矣道之曰、帝謂文王、予懐明徳、不大声以色、不長夏以革、不識不知、順帝之則」とある。この一句は、そのまま現在の『詩経』大雅皇矣篇に見えている。
(102) この一節の原文は「大誓之道之、曰、紂越厥夷居、不肯事上帝、棄厥先神祇不祀、乃曰、吾有命、無廖僔務、(天下)天亦縦棄紂而不葆」とある。最後の一句は、大誓の言葉であるか、それとも墨子の言葉であるかは明らかでない。現在の『尚書』泰誓篇には「維受罔有悛心、乃夷居、弗事上帝神祇、遺厥先宗廟弗祀、犧牲粢盛、既于凶盗、乃曰、吾有民有命、罔懲其侮」とある。
(103) この正は政に通ずるもので、支配するという意味にもなる。天志篇(上)註(93)参照。
(104) 太師・太傅・太保をいう。尚同篇註(5)参照。
(105) この前後の節では、天帝が万民から食糧の供物を受け取るからには、必ずその返礼として万民を愛するに違いない、ということを強調している。墨子においては、天帝と万民との間にもギブ・アンド・テイクの関係があると考えられていることがわかる。
(106) 原文では「遠霊孤夷之国」となっている。霊の字については諸説があるが、いましばらく蛮に改めて訳した。

(107) この一節の原文は「吾以賢者之必賞善罰暴也」となっている。原文のままに訳すると「賢者が必ず善を賞し暴を罰する」となり、その限りでは意味が通ずるが、しかし下文の展開との続き工合から見ると、全く意味をなさない。そこで、ここには脱文があると見て、しばらく「吾以賢者之必賞善、不肖者之必罰暴」に改めて訳した。

(108) 正は政に通ずる。天志篇（上）註(93)参照。

(109) 夏は雅に通ずる。『詩経』大雅の皇矣篇をさす。引用句は天志篇（中）註(101)参照。

(110) 明鬼篇も、もと上中下の三篇あったとされているが、上中の二篇は失われて、いまは下篇だけが存している。

明鬼とは、鬼神の存在を明らかにするという意味である。ここで鬼という言葉の意味について一言しておこう。『説文』に「人の帰する所を鬼となす」といい、『風俗通』に「鬼とは帰なり、精気消え、骨肉を越えて、土に帰するなり」とあるのを始めとし、古い訓詁では鬼と音通である「帰」の意味に解するものが圧倒的に多い。これが果して鬼の語原的な意味であるかどうかは疑わしいが、しかし少なくとも鬼というのは人間の死後の霊魂をさすことは確実である。従って日本語のオニのように、物の怪、変化の類をさすものではない。ただし、これをやや広い意味に用いた場合には、人間の霊魂以外のものをさすこともあり、例えば本篇においても「天鬼」「山川鬼神」という用例が見えている。また墨子自らも、この篇の末尾のほうで、鬼に三種があるといい、第一が天鬼、第二が山川の鬼神、第三は人が死んでなった鬼、をあげている。ただし語原的な意味からいえば、第三の人鬼が本来的なものである。

いったい中国の知識人には無神論者が多い。戦国時代の諸子百家のうちでも、鬼神の実在を主張したものは、この墨子を除いては見あたらない。つまり有神論者である墨子は孤軍奮闘のかたちであったのである。墨子にとっては、天の神の実在ということは、何ものにも代えがたい重要性をもつ事実であった。というのは、彼の兼愛説や非攻説など、いずれも天の意志にもとづくものとされているのであって、もしひとたび天神の実在が否定されるならば、彼の思想体系は一挙にくつがえる恐れがあるからである。この意味からいって、この明鬼篇は重要な篇である。なお巻末の解説を参照されたい。

(111) 『国語』周語の韋昭の註によると、杜は国名で、伯爵であるところから、杜伯というとある。この説によると、杜伯は姓名ではないことになる。詳細なことはわからない。

(112) 周の第十一代の王。前八二七―七八二在位。厲王の子で、一般には悪評の多い天子である。

(113) 後文にも、燕・宋・斉の諸国の春秋が引かれているが、春秋とは一国の歴史の記録である。孔子が修めたという魯の春秋が特に著名で、かつ後世まで伝えられたから、普通に春秋というばあいには、魯の春秋をさす。

(114) 前六五九―六二一在位。秦の第九代の君主。英明で秦国を強大にし、西方の覇者となり、春秋五覇の一人に数えられる。

(115) 神の名。礼記の月令によると、五祀のうちの木神で、春を司る神である。

(116) 前五〇四―四九二在位。燕国の第二十九代の君主。

(117) 法苑珠林や顔之推の還冤記では「燕之祖沢」となっている。この二書は、はるか後世のものであるから、確実な証拠にはならないけれども、あるいは沢の名であったのかも知れない。後文から考えると、ここに何らかの神が祭られ、その祭りには多勢の男女が集合したものと思われる。

(118) 『国語』魯語によると、斉の隣国にあたる魯の荘公が、この斉の社を見物に出かけようとして、臣下の諫止を受けた話が見える。その祭りは、恐らく非常に盛んなものであったと思われる。

(119) 『淮南子』の脩務訓に、殷の湯王のとき大旱があり、湯王は身をもって「桑山之林」に禱ったとある。桑林は、恐らく桑山の林のことであろう。他方、『左伝』襄公十年の条には、桑林という名の舞曲のことが見えているが、この桑林の祭りに関係があるもののようである。

(120) 沢の名。今の何に当るかは諸説あって一致しないが、一説に洞庭湖をさすともいう。その湖のほとりに神祠があり、盛大な祭りが行なわれていたのであろう。

(121) 文公、名は鮑。前六一〇―五八九在位。

(122) 『礼記』の祭法篇に見える泰厲・公厲・族厲の類をさすものと見られる。厲は祀るべき子孫の絶えた神で、無縁仏のようなもの。

(123) 斉の第十二代の君主、荘公のこと。前五五三―五四八在位。

(124) この一節の原文には脱語多く、諸家の解釈も一定しないが、しばらく本文のように訳しておいた。

(125) 舜が天子であったときの王朝の名称。

(126) いずれも祭祀を司る官職の名。

(127) 琮は四角の玉、璜は半月形の玉。
(128) 槃は盤に同じ。食物を盛るはち、または沐用のたらい。盂は椀の類。
(129) いまの『詩経』の大雅文王の篇をさす。古くは詩をさして書ということもあった。ここに墨子の引いている句は、今の『詩経』とほとんど一致するが、ただ「穆穆文王」が、今の『詩経』では「亹々文王」となり、「令問」が「令聞」になっている。
(130) 殷代の書の意。原文には「嗚呼、古者有夏、方未有禍之時、百獣貞虫、允及飛鳥、莫不比方、矧隹人面、胡敢異心、山川鬼神、亦莫敢不寧、隹天下之合、下土之葆」となっている。なお現在の『尚書』伊訓篇に「嗚呼、古有夏先后、方懋厥徳、罔有天災、山川鬼神、亦莫不寧、曁鳥獣魚鼈咸若、于其子孫不率、皇天降災」の句がある。
(131) いまの『尚書』では甘誓篇にあたる。
(132) 有扈国の郊外の地名。
(133) 有扈国は今の陝西省にあった。
(134) 天地人の三つの道。
(135) 禹誓の原文は「大戦于甘、王乃命左右六人、下聴誓于中軍、曰、有扈氏威侮五行、怠棄三正、天用勦絶其命、有曰、日中、今予与有扈氏、争一日之命、且爾卿大夫庶人、予非爾田野葆士之欲也、予共行天之罰也、左不共于左、右不共于右、若不共命、御非爾馬之政、若不共命、是以賞于祖、而僇于社」となっている。
(136) 原文では、この下に「祥上帝伐元山帝行」の八字があるが、文意不明のため省略した。
(137) 原文では、この下に「先庶国節窺戎」の六字があるが、文意不明で、諸家の説も首肯するに足るものがないので、省略した。

(138) 原文では、この下に「万年梓株」の四字があるが、文意不明のため省略した。

(139) 逸周書世俘解に禽艾侯の名が見える。詳細は明らかでない。

(140) 原文は「得璣無小、滅宗無大」となっている。璣は、牧野藻洲の説に従い、禨の字に改めて解した。

(141) 非楽篇も、もとは上中下の三篇があったが、今では上篇が残っているだけである。非楽とは音楽否定の論の意である。墨子は、当時の支配者が楽舞を盛んにして奢侈を極め、人民の生活を圧迫していた事実を見て、この非楽の論を立てた。その意味で、これは墨子の節用論の延長として生まれてきたものであり、節葬篇と同じ系列に属するものである。この非楽論も、後世からしばしば非難を受けた。特に儒家の場合は、礼楽というように、音楽をもって政治・道徳を高める重要な手段として尊重するのであるから、墨子の非楽論を強く非難した。

(142) 斉の第二十九代の君主。前四〇四—三八六在位。その権臣の田和のために国を奪われ、海浜に移されて死んだ。

(143) 原文は「分事」になっている。この支配者と被支配者との分業を認めるということは、かなり重要な意味をもつものと考えられる。普通に、墨子の思想と、孟子などに見える農家の思想との間には、共通するものがあると言われているが、しかし農家は君臣並耕を唱え、支配者といえども農業労働に従わねばならぬと主張するのであって、墨子のように分業を認めないのである。

(144) 梁は、やなぐい。河の中に木を立てならべて水をふさぎ、魚をとるもの。山林沢梁からあがる収益は、国庫の収入とされていたものと思われる。
(145) 緒は紵に通ずる。麻の一種。
(146) 巫は盛んに舞楽を行なうものであるところから、この名を生んだのであろう。
(147) 衛は糸の数量の単位と思われるが、詳細は不明。
(148) 原文には、この下に「似二伯黄径」の五字があるが、文意不明なので省略した。
(149) この一節は、原文に脱誤が多く、不明確な点が少なくないが、しばらく本文のように訳した。
(150) 夏王啓の第五子で、五観ともいう。観は、その封ぜられた国の名である。
(151) 万は楽舞の名。あるいは、「よろずの」の意に解するものもある。
(152) この一節も脱誤があるものと思われ、不明の点が少なくない。
(153) この篇も上中下三篇より成っている。いま中篇のみを省いた。非命とは、運命・宿命の存在を否定するという意味である。命とは、語原的には天命、すなわち天の命令を意味する。天神の実在を強調する墨子が、天命の存在を否定するのは一見矛盾するかに見える。しかし、すでに天志篇（上）の註(90)で一言しておいたように、天命という言葉は非合理的な運命、宿命といった内容を持つようになっていた。つまり吉凶禍福という運命の訪れは、人間の努力、人間の行為の善悪とは無関係なものである。したがって、善人必ずしも幸運に恵まれず、悪人必ずしも不幸でないという、徳と福との矛盾が現われる。この事実は、人間の道徳的意欲を阻害し、喪失させる恐れがある。墨子が運命論を否定するのも、このためにほかならない。

(154) ひかげばしら。地面に立てた木柱で、その影の長さによって時間や季節を知るもの。

(155) 神前で、衆人とともに誓盟すること。この種の誓盟の辞を記録したものとしては、『尚書』に甘誓・湯誓・太誓などの諸篇がある。

(156) 原文には「我聞于夏、人矯天命、布命于下、龔喪厥師」とある。今の『尚書』の仲虺之誥篇には「夏王有罪、矯誣上天、以布命于下、帝用不臧、式商受命、用爽厥師」となっている。

(157) 原文では「紂夷処、不肯事上帝鬼神、禍厥先神禔不祀、乃曰吾民有命、無廖排漏、天亦縦棄之而弗葆」とある。今の『尚書』泰誓篇では「乃夷居、弗事上帝神祇、遺厥先宗廟弗祀、犠牲粢盛、既于凶盗、乃曰、吾有民有命、罔懲其侮」となっている。

(158) 原文は「有考之者」となっている。非命篇の上下両篇では、これに相当する言葉が、いずれも「有本之者」となっている。

(159) 明鬼篇註(128)参照。

(160) 『尚書』の篇名であったかと思われるが、いまの『尚書』にはない。

(161) 非命篇（上）註(156)参照。

(162) のちの周の武王。名は発。

(163) その意が明らかでない。あるいは『詩経』の鹿鳴之什以下をさすと見る説もある。

(164) 非楽篇註(144)参照。

(165) 非楽篇註(145)参照。

(166) この篇から以後は、尚賢・尚同・兼愛・非攻・節用・天志・明鬼・非楽・非命の諸篇に比べると、かなり後の時代になって成立したものと思われる。

篇のかたちから見ても、尚賢より非命に至るまでの諸篇は上中下三篇より成っていたのであるが、この非儒篇は上下二篇であったとされている。いまは下篇を残すのみである。あるいは王闓運のように、非儒篇は始めから一篇であったと見る人もあるくらいで、少なくとも上中下三篇の構成をもつものとは、形式的に異なっている。

また文章の表現から見ても、尚賢より非命に至る諸篇には、「子墨子曰」が何度も繰り返されるが、この篇にはそれがない。また前者の諸篇では、まるで村夫子を思わせるような繰り返しの文章が多いが、この篇にはそれがなく、かえって時に機鋒の鋭さを思わせるものがある。

そもそも根本的にいって、この非儒篇は、儒者の批判に終始し、儒家との間に尖鋭な対立があったことを示している。ところが墨子の頃には、まだ儒家との対立意識は判然と現われていない。以上のような理由によって、この非儒篇は墨子の没後、相当の時期を隔てた後学の人々の手に成ったものと考えられる。

いずれにしても、この非儒篇の孔子批判は、手きびしさを通り越して、激しい悪意を感じさせるものがある。もっとも孔子に対する悪口は、道家や法家などの書にも見えているのであるが、それらはおおむね孔子を戯画化しているもので、悪口を言いながらも、なお多少のユーモアがある。ところが、この非儒篇にはそれが微塵もなく、悪口というよりは毒舌に近く、批判というよりは中傷に近い。一篇すべて悪意に満つといっても言い過ぎではない。それだけ非儒篇の作者が、儒家に対して激しい対抗意識をもっていたことを示すものであろう。

(167) 『儀礼』や『礼記』に見える「復」すなわち「たまよばわい」の礼をさすものと思われる。死者の霊魂を呼びもどすための行事である。

(168) この一節は、非儒篇の作者が死者の霊魂の存在を否定していることを思わせるものがある。もしそうとすれば、これは墨子の思想に矛盾するものであり、非儒篇の作者が、かなり墨子の時代より遠ざかっていることを示すものであろう。

(169) これは『礼記』の昏儀篇などに見える「親迎」の礼をさしている。

(170) 鼠の一種で、口の中に袋をもつという。

(171) この一節は、非儒篇の作者の当時の、儒家の徒の生活状態を窺うためには、貴重な資料を提供するものである。諸侯や実力者に召し抱えられた者は別として、恐らく大部分の儒者は民間の冠婚葬祭の儀式を請負って生活していたのであろう。

(172) 原文は「君子循而不作」となっている。『論語』述而篇に「述而不作」とあるのをさしている。

(173) 古代の弓の名人として有名である。

(174) 一に杼とも書く。夏の禹王の子孫であるという。

(175) 『後漢書』輿服志註に引く古史考には、「禹の時、奚仲は馬に駕す」とある。

(176) また工倕とも書く。『荘子』胠篋篇にその名が見え、『釈文』に「堯の時の巧者なり」とある。

(177) 『穀梁伝』隠公五年に「戦うとき奔ぐるを逐わず」とあり、『荀子』議兵篇に「服する者は禽《とら》えず、犇命する者は獲せず」とある。
(178)『礼記』の楽記篇に「善く待問する者は鐘を撞くが如し。これを叩くに小を以てすれば則ち小鳴し、これを叩くに大を以てすれば則ち大鳴す」とある。
(179)畢沅の用いた旧本では「孔子諱」とあったのを、畢氏以後はすべてこれを「孔某」に改めている。孔子の名である丘を、後世の版本では諱《いみな》として避けたものと思われる。
(180)前五四七―四九〇在位。斉国第二十三代の君主。
(181)晏嬰、字は仲平。斉の霊・荘・景の三公に仕え、管仲以後の名宰相として伝えられる。その著作として『晏子春秋』があるが、自著ではないと見られる。
(182)楚の平王の孫である白公が、石乞とともに乱を起したことは、『左伝』哀公十六年(前四七九)に見えている。『孔叢子』詰墨篇では、白公の乱は魯の哀公十六年の秋であり、孔子の死後十旬を経ているのであるから、墨子のいうような事実はあり得ないと論駁している。
(183)この景公と晏子との対話に近似したものが、『史記』孔子世家に見えている。
(184)『韓非子』説林篇上に、鴟夷子皮が田常に仕えた話が見え、また『史記』貨食伝には、范蠡《はんれい》がその姓名を改め、斉国に亡命して鴟夷子皮と名乗ったという。
(185)『荀子』法行篇に、南郭恵子と子貢との問答を載せている。
(186)子貢の名。
(187)この話に似たものが、『史記』孔子弟子列伝に見えている。
(188)司法大臣に相当する。
(189)この話は他の文献には全く見えていない。原文の最後の部分には脱誤があると思われるが、しばらく本文のように訳しておいた。

(190) 孔子が陳蔡二国において危難にあったことは、『史記』孔子世家に見える。

(191) 前四九四―四六八在位。魯国の第二十五代の君主。

(192) 『論語』郷党篇に「席正しからざれば坐せず」「割、正しからざれば食わず」とある。

(193) この話は、『孟子』の万章篇にも見えている。

(194) 周公が三公を辞して、東方の商奄に移ったことをさすものと見られる。

(195) 篇の名は、最初の章に見える耕柱子から取ったもので、これより前の諸篇が内容から篇名を立てているのとは趣きを異にしている。この篇より以下の貴義・公孟・魯問の諸篇も同様で、いずれも断片的な問答を集めたものであり、『論語』などの構成に似ている。その文章の表現から見ても、上中下三篇の構成をもつ諸篇とは異なり、かなり気の利いたものがあり、時に鋭い機鋒を示すものもある。また歴史的な実録としての価値については、かなり疑問の余地があるとはいうものの、墨子の伝記を構成する資料として役立つものがある。

(196) 太行山とも書く。山西省と河南省の境にある。

(197) 巫馬はその姓。魯国の人であることは、この篇の後文にも見える。孔子の弟子の巫馬期と同一人物と見る説もあり、その一族と見る説もあるが確実でない。篇中の巫馬子の言葉の内容から察すると、儒家に属する人であることが窺われる。

(198) 夏の禹王の子の啓。漢代になって景帝の諱《いみな》を避けて、啓を開に改めた。

(199) 殷の紂王の臣下にも同名の者があるが、伝説中の人物なので、あるいは古い神話のうちの英雄かと思われる。

(200) ともに墨子の弟子。孫詒譲は、『呂氏春秋』尊師篇に「高何県子石は斉国の暴者なり。郷曲に指さされしが、子墨子に学べり」とあるのにより、この県子石と県子碩とを同一人であると見ている。

(201) 原文には「子夏之徒」とある。子夏は孔子の弟子の卜商である。その弟子が墨子と問答しているのであるから、もしこれを事実とすれば、墨子と子夏とは同年輩であったとも考えられる。

(202) 和氏の璧は、楚の和氏という者が、楚の厲王に献じたという有名な璧。璧は四角の玉。隋侯の珠は、隋国の君主が大蛇を助け、その恩返しに貰ったという玉。

(203) 天子の宝器である九鼎の別名。

(204) 葉は楚国の邑の名。子高はあざな。葉邑の大夫である。『論語』子路篇に、「葉公、政を問う。子曰く、近き者説《よろこ》び、遠き者来たる」とある。

(205) 魯陽文子ともいう。魯陽は楚国の県の名。文君は楚の平王の孫であるという。『国語』楚語によると、楚の恵王が文君に魯陽の地を与えたとある。

(206) 『礼記』檀弓篇に見える黔敖と同一人物と見る説もある。いずれにしても墨子の弟子であろう。

(207) 魯問篇に高孫子の名が見え、『呂氏春秋』尊師篇に墨子の弟子の高何の名が見える。同一人物であるかどうか判らないが、やはり墨子の弟子であろう。

(208) 墨子の弟子の禽滑釐《きんかつり》。公輸篇に見える。

(209) 孔子の弟子。公孟篇に見える。なおこの一節の原文には脱誤があって、意味が明確でないが、しばらく本文のように訳しておいた。

(210) 原文は「君子不作、術而已」となっている。非儒篇註(172)参照。

(211) 巫馬子は魯の人と見られるが、郷は魯の隣国であり、越は遥か南方にあたる。

(212) このあたりの原文には脱誤が多い。いましばらく張純一の『墨子集解』の説に従って訳しておいた。

(213) 原文は「不知日月安不足乎」とある。原文のままでは解しがたいので、張純一の説に従い、「日月」を「甘肥」に改めて訳しておいた。

(214) 木立ちの中にある社。

(215) この篇の名も、最初の句に「貴義」という言葉があるのを、そのまま取ったものである。内容も、表現の形式も、耕柱篇と共通したものがある。

(216) 楚には恵王はあるけれども、献恵王というのはない。そこで諸家の間で種々の異説があるが、しばらく献恵王即ち恵王と見ることにする。楚の恵王は、楚国第二十九代の君主で、前四八八—四三〇在位。

(217) 殷の湯王を助けた名宰相。『史記』殷本紀によると、はじめ伊尹は湯王に近づく機会がなかったため、料理人となって湯王に食を進めたという。

(218) あとに見える喜怒楽悲愛悪をさす。

(219) 『呂氏春秋』高義篇に、墨子が「公上過」に命じて越王に面会させた話が見え、高誘註は公上過を墨子の弟子であるとしている。また『潜夫論』に、衛の公族に公上氏があることを記している。

(220) 釜は穀物の量の単位。
(221) 原文には「日者」とある。日者は卜筮や占候をする者の通称である。
(222) 山東省臨淄県の東北を流れる川。
(223) 原文には「是囲心而虚天下也」とある。その意味は明確でないが、しばらく本文のように訳した。
(224) この篇の名も、最初に現われる公孟子の名から取ったものである。ただし全篇を通じて公孟子と墨子の問答が、圧倒的に多い。公孟子は儒家に属すると思われるから、その問答を通じて墨家と儒家の立場の相違がよく現われている。
(225) 宋翔鳳は、孟は明に通ずるから、曽子の弟子の公明儀・公明高のいずれかをさすものであろうといい、孫詒譲は、『説苑』の脩文篇に見える曽子の弟子の公孟子高であろうという。いずれとも断定できないが、本篇に見える公孟子の言葉の内容から考えると、儒家に属する人であったことは疑いがない。
(226) 殷代の冠であると伝えられ、儒者が好んで用いた冠である。
(227) 前六八五―六四三在位。名相の管仲を信任し、天下の覇者となった。晋の文公とならんで、斉桓晋文と称せられた。
(228) 兼愛篇（中）註(14)参照。
(229) 楚国第二十二代の君主。前六一三―五九一在位。五覇の一人に数えられる。
(230) 兼愛篇（中）註(16)参照。
(231) これは越の地方の風俗とされている。

(232) 殷の紂王の臣下。明鬼篇に「費中」の名で見えている。

(233) 原文では「有義不義、無祥不祥」となっている。道徳の完成だけを理想とし、幸福を問題にしない儒家の立場が示されている。

(234) 三弁篇（この訳本では省略）に見える程繁をさすものと見られる。本来は儒者で、兼ねて墨子に学んだものと思われる。

(235) この一節の原文は誤脱が少なくなく、明確でないが、しばらく孫詒譲の説に従って訳しておいた。

(236) この篇の名は、最初の章に見える魯君の問から取ったもので、断片的な問答を集めたものであるのは、耕柱篇以下の諸篇と全く同じである。

(237) 畢沅は、魯陽の文君をさすと見ているが、孫詒譲はこれを否定し、魯の穆公であろうといっている。

(238) 白鹿の皮に加工したもので、貨幣の代りに用いられた。

(239) 孫詒譲は、斉の田和の将であろうという。墨子がその弟子を項子牛に仕えさせたことは、この篇の末尾近くに見えている。

(240) この一節については、非攻篇（中）の記事を参照。

(241) この一節についても、非攻篇（中）を参照。

(242) 斉の太公の田和をさすものと見られる。田和は斉の国を奪って諸侯となったので、子孫がこれを大王といったのであろう。前三八六—三八三在位。

(243) 楚の人。耕柱篇註（205）を参照。

(244) 節葬篇では、長子を殺してその肉を食う話は、「輆沐国」のことになっており、他方「炎人国」では、子が親の死体の肉を腐らせ、骨だけを埋葬するということになっている。

(245) 舜には、河浜で陶器を作り、歴山で耕したという伝説がある。

(246) 匹夫は一夫の意。徒歩は車馬に乗らぬの意で、身分の低いものをさす。

(247) 貴義篇註(219)を参照。

(248) ここの原文は「遂為公尚過、束車五十乗」となっているが、「束車」の意味がわからない。しばらく本文のように訳しておく。

(249) 楚の平王の子。

(250) 楚の白公の乱については、非儒篇註(182)を参照。

(251) 註(239)に見える。

(252) 公輸般・公輸盤・公輸班とも書かれ、また魯班・魯般ともいう。『孟子』離婁章にも「離婁の明、公輸子の巧も、規矩を以てせざれば、方員を成す能わず」とあって、古くより名匠として知られていたことがわかる。その趙註に「公輸子は魯班なり、魯の巧人なり。あるいは以て魯の昭公の子と為す」とある。昭公の子であったか否かは疑問であるとしても、たとえ匠師とはいえ、相当高い身分の者であったことが窺われる。『礼記』檀弓篇を見ると、魯の季康子の母が死んだとき、匠師の官である公輸若が年少であったので、その一族である公輸般がこれに代わり、機械仕掛けで棺を墓穴に降そうとして断わられた話が見えている。鄭註は、公輸氏の一族には技巧ある者が多かったと述べている。公輸般の別名とされる魯班は、後世の中国では大工の開祖として祭られ、わが国の左甚五郎のような地位を占めている。

この公輸子は、墨子と浅からぬ関係にあり、墨子の出身や経歴を考える上にも、重要な参考人になるものと思われる。

(253) この篇の名も、最初の節に見える公輸盤から取ったもので、その点では耕柱篇以下の諸篇と同じである。しかし、この篇は断片的な言行の集録ではなく、もっぱら公輸子と楚王との対話だけをテーマにしている点で、耕柱篇以下の諸篇とは趣きを異にしている。この篇では、墨子の兵法家としての一面が現われており、防禦の戦争を肯定する彼の立場が示されている。

(254) 前の魯問篇註 (252) を参照。

(255) 雲にとどく梯の意で、敵の城壁の高さまで達する巨大なやぐら。

(256) 『呂氏春秋』の愛類篇にも、墨子が宋を守った話が見えているが、そこでは「魯」より出発したことになっている。墨子の生国を魯とすれば、この方が正しいかも知れない。

(257) ここの原文は「臣以三事之攻宋也」となっている。諸家の間に異説があるが、いましばらく張純一の校訂にしたがい、原文を「臣以三事言之、王之攻宋也」に改めて訳した。

(258) 墨子の高弟。禽子ともいう。その名は『荘子』『列子』『呂氏春秋』などの諸書にも見えている。

訳者解説

森　三樹三郎

紀元前八世紀の中頃から、前二二一年の秦の天下統一に至るまでの、およそ五五〇年にわたる期間は、春秋戦国時代と呼ばれ、戦乱の世として知られている。

この春秋戦国時代の、形式上の支配者は周の王室であるが、しかし昔日の実権は殆んど失われ、諸侯の国はそれぞれ独立国家となり、強食弱肉の闘争が絶えず繰り返された。文字どおりの群雄割拠の時代であった。

ところで、これは必ずしも中国だけに限らず、どこの国の戦国時代でも同じであるが、このような戦乱の世には、いずれの国にも属しない、いわば浮動層とでもいうべきものが発生する。大小の諸国家の興亡が激しいだけに、主家を失った臣下、いわゆる浪人が続出する可能性が強い。それに、もともと支配構造が多元的であるだけに、いずれの君主にも仕えず、諸国の間を渡りあるくフリー・ランサーの存在を許す社会的な条件があった。

わが国の戦国時代の浪人は、たとえば真田幸村や後藤又兵衛などのように、槍一筋を生命とする武士であったが、中国の戦国時代に発生した浪人は、いわば舌一枚を生命とする弁士であった。なぜこのような違いが生まれたか、その理由はさまざまあるにしても、根本的なものは地理的条件であったように思われる。わが国のように、狭い土地に多数の群雄がひしめいているところでは、直接的な武力が一切を決定する。ところが、あの広大な中国では、直接的な武力よりも、ひろい意味での戦力、つまり政治力、経済力といった要因が、より優位を占める。それは過去の日中戦争が如実に示している。したがって、ここでは槍一筋の武士よりも、舌一枚を生命とする弁士に対する需要度の方が高かったわけである。

このようにして中国の戦国時代に発生した多数の文化的浪人、失業インテリたちは、かれらの政治に対する抱負や、経済政策を資本として、諸侯の間を渡りあるき、その売りこみに努力した。さしずめ彼らは国家経営を専門とするコンサルタントであったといえよう。「諸子百家」と呼ばれる人々は、このような文化的浪人であり、コンサルタントであったわけである。

これらの諸子百家のうちには、まれに諸侯に召し抱えられて、かなり重要なポストを与えられたものがないではないが、多くは一時的に終り、大多数のものが浪人としての生涯を送っている。これは封建諸侯の国内には、まだまだ世襲的な身分の伝統が残っており、諸子百家のような浪人者の入りこむ隙がなかったためであろう。結局、かれらは国家経営の直接担当者となることをあきらめて、コンサルタントたることに満足するほかはなかったのである。

このような諸子百家、コンサルタント群の最初に現われたものが、ほかならぬ孔子である。孔子は前四七九年に歿したが、あたかもその頃、しかも同じ魯の国に、墨子が生まれたもののようである。

墨子の伝記

墨子の伝記は明確でない。それは多少とも諸子百家に共通して見られることであるが、墨子の場合は特にそれが甚だしい。諸子百家の伝記を知るための最も古い史料といえば、前漢の司馬遷が書いた『史記』であるが、その『史記』は墨子についてごく簡単に触れているに過ぎない。すなわち『史記』の孟子荀卿列伝の最後のところに、「蓋し墨翟《ぼくてき》は宋の大夫にして、守禦を善くし、節用をなす。或は曰く、孔子の時に並ぶと。或は曰く、その後に在りと」という一行にも足らぬ記事があるだけである。これが、かつては儒家とならぶ大勢力をもった墨家の始祖に対する扱いにふさわしいものであろうか。清朝の孫詒譲は、司馬遷が墨家を好まなかったために冷淡な扱いをしたのであろうという。しかし、それだけではなさそうである。戦国末まで、あれほど盛大な勢力をもっていた墨家も、秦漢の統一時代に入って急速に衰え、やがて絶滅の運命に陥った。司馬遷の時代には、墨子の伝記を知るべき資料は殆んど失われていたのではないか。墨家の悲運は、このような点にも現われている。

清朝末になり、『墨子閒詁』を著わした孫詒譲は、その巻末に「墨子伝略」「墨子年表」を附している。その後、いろいろ訂正が試みられているが、まず大体の基本線は崩されていないと見てよい。そこで孫詒譲説によりながら、大略を述べてみよう。

墨子は、姓は墨といい、名は翟という。周の貞定王（前四六八―四四一在位）の初年に、魯国に生まれた。そして周の安王（前四〇一―三七六在位）の末年に卒したと推定される。時に年八十、もしくは九十にあたるという。

右の推定は、墨子の書や、その他の古書に見える断片的な記事によったものであるが、これらの資料の確実性に、そもそも問題があり、もしこれらの資料に疑問をもてば、一切が謎に包まれるという可能性がないではない。

もし最低限の線に引き下げていうならば、墨子は、儒家の孟子（前三九〇頃―二八九頃）よりも以前の人であることは確実である。というのは、孟子の書の中で、墨家の兼愛説を批評しているからである。問題は、墨子が果して、孔子と同時か、それともその以後の人であるか、という点にある。確実な根拠はないが、まず孫詒譲の線に沿って、孔子歿後間もない頃に生まれた、と見るのが穏当であろう。

墨子の生国が魯であるか否かということは、彼の思想と儒家との関係を知る上に重大な関係をもつ。墨子の貴義篇や魯問篇を見ると、彼が魯に住んでいたことを思わせる記事が多い。孫詒譲以後の人々が、魯人説を採るのは、これによる。しかし住んでいる国と、生国とが同一であるとは限らず、また魯の国に住んだのもある時期に限定されていたのかも知れない。疑えば疑うほど、彼の伝記は謎に包まれるのである。結局、司馬遷の『史記』より以上に、詳細で、しかも確実なことは、何一つないと言ってもよいのではないか。

さらに問題になるのは、墨子がどのような身分の出身者であるか、ということである。近ごろ一部に、彼を技術者ないし工人の出身と見る説がある。これは『韓非子』に、墨子が木鳶を作ったという話があることや、墨子の備城門以下の諸篇に、さまざまな兵器を用いていることなどが根拠になっている。しかし墨子が木鳶を作ったという話は、孫詒譲も指摘しているように、魯問篇に公輸般が竹木で鵲を作ったという話の訛伝であるとも見られる。また備城門篇以下に見える兵器は、当時普通に用いられていたものであるかも知れず、必ずしも墨子の創作であったとは限らない。恐らく墨子の後人が防禦戦の請負業者のようなかたちを形成してのち、工夫され作られたものではないであろうか。

そもそも根本的にいって、戦国時代の工人が、詩書を縦横に引用する、いわゆる読書人の仲間入りをすることができたか否かに問題がある。後世の中国でも、庶民が読書人となることは極めて困難であったが、いわんや書物も極度に少なかった戦国時代において、一介の工人が読書人となる機会は絶無であったといえるのではないか。ところが墨子は、旅行中にも馬車に多くの書物を積みこみ、「むかし周公旦は、朝に書百篇を読みたり。……翟は上、君上の事なく、下、耕農の難なし。吾、いずくんぞ此を廃すべけんや」といっている（貴義篇）。墨子が読書人であったことは、まぎれもない事実である。墨子の好敵手であった公輸般は工作の名人であるが、その出身は魯の匠師の官であったといわれるものの、同時に魯の昭公の子であるという説もあるくらいで、決して身分の低い工人ではなかったのである（魯問篇註252）。かような点から考えると、墨子もやはり士大夫の出身と見るのが妥当であろう。もしそうだとすれば、他の諸子百家の人々と同じく、墨子もインテリ浪人であったということになる。

墨子の思想

墨子の思想のうちで最も特色があり、そして最も有名なのは、むろん兼愛の思想である。兼愛とは、親疎遠近の区別を設けない一視同仁の愛であり、博愛である。その意味で常識的な愛、つまり己に近いものをより愛するという差別愛とは根本的に異なったものである。別愛の立場にある孟子が、「墨子は兼愛して、わが父と他人の父との区別を設けない。これは禽獣の愛である」といったのも、そのためである。

いったい儒家の仁と墨子の兼愛とは、似て非なるものである。儒家の仁は、近きより遠きに及ぼすというように、自己・家族・国家・天下という順序で、愛のサークルを漸次拡大しようというのである。この愛の拡大ということは、理論的には一見可能のように見えるが、しかし実際には非常な困難がある。家族愛を愛国心まで拡大することについてみても、実際には家族愛をある程度まで犠牲にしなければ、愛国心は成立しない。いわんや愛国心をいくら拡大しても人類愛に到達することは不可能である。むしろ逆に、人類愛は、家族愛や愛国心といったエゴイズムの否定の上にのみ現われるものである。つまり愛は単純な拡張によって大きくなるものではなくて、否定を通じてのみ成長しうるものである。いいかえれば、愛は弁証法的な構造をもつといえよう。慈悲を説いた仏教が出家を条件とし、人類愛を説いたキリストが「わが来たれるは、人をその父より、娘をその母より分たんがためなり。我よりも父または母を愛する者は、われにふさわしからず」といったのも、またそのためである。家族愛や愛国心と、人類愛との間には、質的な相違があり、大きな間隙がある。この間隙を飛びこえて人類愛の世界に入るためには、何らかのバネが必要である。このバネの役割を果たすものは、恐らく宗教のほかにはないであろう。

キリストの場合がそうであったように、墨子の兼愛説の背後には、神への信仰があったといえる。墨子は当時のインテリとしては珍しくも、というより唯一人の例外者として、人格神としての天帝の実在を厚く信じた。天帝はあまねく人々を愛する。われら人間も、この天帝の意志に従って無差別に人々を愛しなければならぬ。これは墨子が繰返し強調するテーマである。

そもそも中国のインテリは、諸子百家の昔から、無神論的な傾向が強い。天の信仰の伝統があるとはいうものの、人格神としての天帝への信仰は次第に薄れて、天道とか天理といった、道や理のかたちで考えられるようになった。孔子も「鬼神を敬してこれを遠ざく」といっているように、人格神の実在を信ずるような愚民的な色彩のある信仰から は遠ざかって行った。荀子に至っては「君子は祭祀を装飾的な儀式と考え、愚民は実在する神を祭るものと思っている」という意味のことを述べている。しかも、それはひとり儒家だけではない。なべての諸子百家がそうであり、近代に至るまでの中国の知識人がそうであったのであって、墨子だけが珍しい例外だったのである。

神の実在を証明する墨子の証明法は、素朴そのものである。古書にこのように書いてあるから疑いのない事実だ、といった類である。しかしそのことは、墨子の天への信仰が本物でなかったことの証拠にはならない。むしろ逆に、墨子の信仰が本物であったことを示す事実がある。それは彼が「天命」の存在を否定し、そのかわりに「天志」の存在を主張したことである。天命とは、本来は天帝の命令の意味であるが、天帝への信仰が薄れるにつれて、それは運命とか宿命の意味に転化した。ここでは人間の行為の善悪と、幸福とは一致しない。つまり徳と福とが矛盾するのである。神なき道徳の立場では、人生の幸福に対する希望を棄てるほかはない。これに対して、「天志」とは天の意志のことであり、いいかえれば神の摂理である。神の摂理の行なわれるところ、善人は必ず終極的には幸福を与えられ、悪人は罰せられる。ここでは徳と福の矛盾は存在しない。ただ神の摂理を主張するためには、神の実在を信ずるということが前提となる。墨子が天命を否定し、天志の存在を肯定したのは、かれがまぎれもない有神論者であったことを証明している。

このようにして墨子は有神論者であり、宗教家である。しかし、たとえ彼の本質がここにあることは疑いないとしても、彼にはいま一つの面がある。それは政治家、あるいいは政治理論家としての墨子である。彼はその宗教的信仰を、国家ないし天下の政治に、そのまま持ちこもうとするのである。この地点から、かれはキリストと袂を分かつことになる。墨子は、しばしば利不利ということを強調する。兼愛と交利という言葉は、常に結びついて現われる。時には、兼愛することが相互の利益であることを強調するために、愛の原因が利であるかのような印象さえ受けるほどである。このため墨子の兼愛は、その功利主義からの結論であるといった見方もあるほどである。しかし、これはむろん正しい見方ではない。単なる功利主義から、神への信仰や人類愛が生まれる可能性はない。そうではなくて、宗教家であるとともに政治家である墨子にとっては、功利という一面を無視できなかったというのが真相であろう。なぜなら政治というものは、いかに高い理想をかかげるにしても、結局は利不利の価値の世界を出ないものだからである。

かくて天下国家の利を説く墨子は、その兼愛説の延長としての非攻、すなわち侵略戦争の否定論を展開する。ここでも墨子独特の鋭敏な感覚が見られる。一人の人間を殺せば重大な罪悪とされ、死刑に処せられるのに、一国の人を殺せば英雄的行為として賞賛されるのは、大きな矛盾でなくて何であろう。個人には許されぬことが、国家の名の下では許されるばかりか、時に強制されることさえあり得る。この見やすい論理の矛盾は、ひとり戦国の昔ばかりに限らず、今日においてさえ見逃がされがちである。とすれば、この矛盾に気づいた墨子は、やはり非凡の人であったと言わねばなるまい。

さらに政治家としての墨子は、その兼愛説を根拠として、万民のための政治を提唱する。そのためには民衆の生活を圧迫する君主の奢侈を排撃しなければならぬ。節用・節葬・非楽の主張は、いずれもその具体策にほかならない。葬礼を簡略にしたり、音楽をなくするというようなことは、今日の眼からすれば枝葉末節のことのように見えるが、しかしこれらのものが当時の社会に占めていた比重を思えば、これは当時における急務であったのであろう。現に墨家に対する後世の非難は、すべてこの点に集中していると言ってもよく、墨家が秦漢の統一時代に入って急速に衰えた原因の一つも、ここにあったと言えよう。

およそ予言者とは、単に時間的に未来のことを告げるというばかりでなく、凡人の常識を越えたかなたの、新しい世界の存在を告げる者をさすのではないか。もしそうだとすれば、生活共同体の倫理を越えた普遍的な愛を説き、戦争を大量殺人ときめつけた墨子は、明らかに時代を越えた人であり、予言者の名にふさわしい人物であったといえよう。

墨家の集団

諸子百家と呼ばれるものは、今日の表現でいえば、さしずめ諸学派という言葉に相当するものであろう。しかしながら、そのうちで現実に一つの集団を結成していたと思われるものは、儒家と墨家以外にはなかったようである。道家や法家に属する人々は、思想系統としては共通性をもつにしても、ただそれだけに止まり、生活や行動を共にするということはなかった。いわば、それぞれに一匹狼であったわけである。ところが儒家と墨家とは、それぞれ集団としての生活を営む者が少なくなかった。戦国時代の諸子百家のうちで、儒墨二家が最も有力であったとされるのも、かれらが集団としての統一をもっていたためであると考えられる。

墨子の門下には、すでにその在世中に、かなりの弟子が集まっていたようである。それは墨子の諸篇にも見えているし、特に公輸篇には、禽滑釐以下三百人の弟子が宋城を守っていたと述べている。しかも彼の死後、その集団はいよいよ盛大を極めたように見える。

それでは墨子の門に集まってきた人々は、いかなる身分の者が多数を占めたか、また何を求めてのことであったか。このことを知るための直接の証拠はない。一つの可能性として考えられることは、墨子の宗教信仰に共鳴して集まってきた人々があったであろうということである。もしここに重点をおくならば、それは一種の新興宗教の教団に近いものであったことになろう。現にその集団は、墨子の死後は、その統率者を鉅子《きょし》と名づけ、その指揮の下に水火を辞せず、死地に赴いたといわれている。

しかし墨家の集団は、このような新興宗教の教団風のものばかりではなかったようである。『韓非子』顕学篇に「墨子の死後、その集団は、相里氏の墨、相夫氏の墨、鄧陵子の墨の三派に分裂した」と述べている。その他、『荘子』天下篇などの諸書にも、墨子の学派が分裂し、その統帥者たる鉅子の地位を争ったことが見えている。その分裂の原因が何であったかは知る由もないが、少なくとも墨子の書を根拠として考えるかぎり、およそ三つの方向が考えられる。

その第一は、墨子の天帝鬼神の信仰を受けつぎ、宗教団体としての性格の強かったもの。ただし、これを裏書きするような史実は見出されない。

第二は、論理・詭弁を武器とし、他の諸子百家と争った、より学究的色彩の強いもの。『荘子』天下篇に、相里勤の弟子などを始めとする多くの墨者が、墨経の解釈について異論を生じ、互いに相手を別墨と罵り、堅白同異の弁をふるった、とあるのがこれである。墨子の書のうち、経説・大取・小取などの諸篇は、その痕跡を示すものであろう。

第三に、墨子の兼愛非攻の精神を受けついで、弱者を守るといった立場から、ついには防禦戦の請負業者のようなかたちになったもの。墨子は侵略戦争を強く否定したものの、防禦の戦いは否定せず、むしろその必要を認めていたように思われる。特に公輸篇の内容が歴史的事実であったとすれば、墨子自らが弟子三百人に命じて宋の城を守らせていたことになる。また『呂氏春秋』上徳篇に、鉅子の孟勝が、楚の陽城君の知遇を受け、陽城君が亡命したあと、その城を守って弟子八十三人と共に討死したというのも、その一例であろう。墨子の書の備城門以下の兵法に関する諸篇は、この一派と関係があるように思われる。

それにしても、戦国末までは儒家と共に天下の思想界を二分し、「墨翟の言、天下に満つ」（孟子）、「二氏（孔墨）みな死すること久しきに、その従属するものいよいよ多く、弟子いよいよ豊かに、天下に充満す」（『呂氏春秋』）といわれた墨家の集団が、秦漢の統一時代に入ると共に急速に衰微し、ついには絶滅に至ったのは何故であるか。いな、それだけではない。墨子の書そのものが無視され、清朝末に至る二千年の間、ほとんどこれを読むものとてなく、「絶学」の悲運に陥ったのは何故であるか。

むろん、その原因は一、二には止まらないであろう。宗教的色彩の強い集団の通例として、その偏狭さが分裂を盛んにし、自壊作用を招いたと見られぬことはない。また儒家の集団のように冠婚葬祭を職業にするのとは異なり、戦争請負業者となった墨家の集団は、平和の時代になると無用の長物となり、それどころか危険極まる存在として圧迫されるようになった、とも見られるであろう。

しかしこれらの外部的な事情よりも、本質的な原因は、墨子の思想そのものに内在していたとは言えないであろうか。墨子は非楽・節用・節葬を説き、支配階級のあらゆる奢侈を否定する。孟子は「墨子は兼愛し、たとえ頭をすりへらして踵に至るようなことをしても、天下の利のために働く」といい、荀子は墨子の道に労苦の多いことを述べて「役夫の道なり」といい、労働者の道であって、支配者の道ではないと批判している。士大夫の身分が安定した秦漢以後の統一王朝の時代に入ると、支配階級の特権を認めない墨子の思想が歓迎されないのは当然であろう。

しかしながら、最も根本的な理由は、墨子の兼愛説そのものにあったのではなかろうか。家族や国家という生活共同体の倫理を越えた、普遍的人類愛の思想は、宗教的信念の裏づけがないかぎり、ついに不毛に終るべき運命にあったのではないか。もし果してそうだとすれば、墨子もまた、その故郷に容れられなかった予言者の一人であったといえよう。

墨子の書

現在伝えられている墨子の書の目次をあげると、次のようになっている。(○印は、この訳書に収めたもの)

親士第一　修身第二　所染第三　法儀第四　七患第五
辞過第六　三弁第七
○尚賢上第八　尚賢中第九　尚賢下第九
尚同上第十一　○尚同中第十二　尚同下第十三
○兼愛上第十四　○兼愛中第十五　○兼愛下第十六
○非攻上第十七　非攻中第十八　○非攻下第十九
○節用上第二十　節用中第二十一　節用下第二十二（原欠）
節葬上第二十三（原欠）　節葬中第二十四（原欠）　○節葬下第二十五
○天志上第二十六　○天志中第二十七　○天志下第二十八
明鬼上第二十九（原欠）　明鬼中第三十（原欠）　○明鬼下第三十一
○非楽上第三十二　非楽中第三十三（原欠）　非楽下第三十四（原欠）
○非命上第三十五　○非命中第三十六　○非命下第三十七
非儒上第三十八（原欠）　○非儒第三十九
経上第四十　経下第四十一　経説上第四十二　経説下第四十三
大取第四十四　小取第四十五
○耕柱第四十六　○貴義第四十七　○公孟第四十八　○魯問第四十九　○公輸第五

十
□□第五十一（原欠）　備城門第五十二　備高臨第五十三　□□第五十四（原欠）　□□第五十五　備梯第五十六　□□第五十七（原欠）　備水第五十八　□□第五十九（原欠）　□□第六十（原欠）　備突第六十一　備穴第六十二　備蛾傅第六十三　□□第六十四（原欠）　□□第六十五（原欠）　□□第六十六（原欠）　□□第六十七（原欠）　迎敵祠第六十八
旗幟第六十九　号令第七十　雑守第七十一

墨子の書は、諸子類の書のうちでも特に乱れが甚だしく、難読中の難読の書とされてきた。清朝の畢沅（一七三〇―一九七）に至り、始めて本文を校訂し註釈を施した。経訓堂本と呼ばれるものがこれである。しかし、まだ甚だしく不完全なものであった。その後、孫詒譲（一八四八―一九〇八）の『墨子間詁』が出て、ここに一おう墨子の定本とでもいうべきものができた。むろん孫詒譲の説にも疑問は少なくなく、部分的な校訂は今日もなお行なわれている。特に経説篇など論理を説いた部分は今日なお不可解な部分の方が多く、強いて解釈すれば詭弁にすら陥りかねない。孫詒譲の『墨子間詁』の後に現われた註釈書としては、民国二十五年刊の張純一の『墨子集解』がある。わが国で刊行されたものとしては、漢籍国字解全書のうちに、牧野謙次郎講述の『墨子』上下がある。いまこの訳本では、大部分は『墨子間詁』の説に従うこととし、時に私考のある場合は註記することにした。

なおこの訳本では、あまり重要でない諸篇を省略したので、これらについて簡単な説明を加えておきたい。

親士第一より三弁第七に至る七篇は、墨子よりも相当のちの人が附加した部分と考えられている。その内容も、あるいは儒家言に近いものであったり、尚賢篇以下の論旨を敷衍した程度のものであったりして、墨子の思想の特色は十分に現われていない。

尚賢第十七より非命第三十七に至る諸篇は、尚賢篇の註にも一言しておいたように、上中下三篇の構成をもつもので、墨子の思想の中心となるものである。このうち尚賢篇の中下、尚同篇の上下、非攻篇の中、節用篇の中を省いたが、いずれも内容に重複の多い篇であるから、重大な支障の生ずる恐れはないと思う。

非儒第三十九は、その註にも述べたように、墨子の後学によって書かれたものであろう。しかし儒墨の対立を知るには重要な意味をもつので、訳のうちに採用した。

経上第三十八より小取第四十五に至る諸篇は、墨子学派の論理学に関する部分である。戦国の諸子百家のうちには、公孫竜子や尹文子などの、名家と呼ばれる一派があるが、これは論理ないし詭弁を専門とするものである。けだし諸子の間に論争が活発に行なわれるようになった結果として生まれたものであろう。この墨子の書の論理を扱った部分も、恐らく墨子その人のものではなく、諸子との対立抗争が激化した頃に、墨子の後学の人々の手に成ったものと思われる。しかも今日では原文が乱れに乱れて、判読すら容易でない部分が多い。省略せざるを得なかったゆえんである。

耕柱第四十六より公輸第五十までの諸篇は、墨子の言行録であって、すべて訳しておいた。どの程度まで歴史的事実を伝えているかに疑問は残るが、これ以外に墨子の伝記らしいものが残されていない今日では、貴重な資料といえよう。

最後に、備城門第五十二より雑守第七十一に至る諸篇は、兵法ないし軍事施設、兵器の作り方などを述べたもので、これも墨子の集団が戦争の請負業者化した時代になって書かれたものであろう。墨家の集団は特に防禦の術に長じていたらしく、物事を固く守ることを「墨翟の守」「墨守」と呼ぶほどになった。これらの諸篇も、墨子の思想に直接の関係はないので、すべて省略することにした。

文庫版解説

湯浅邦弘

本書は、一九六五年に筑摩書房より刊行された『世界古典文学全集19諸子百家』のうち、森三樹三郎訳『墨子』の部分を、改めて「ちくま学芸文庫」版として再刊するものである。

墨子の活動と著作

今から二千数百年前の中国。いわゆる諸子百家の時代にひときわ輝く活動を展開した墨子。ただ、墨子の伝記については、詳しいことがほとんどわかっていない。紀元前四七九年に孔子が亡くなるが、おおよそその頃に生まれ、主な活動の時期は戦国時代の初期にあたると考えられている。

その思想は、諸子百家の中でも異彩を放つ。兼愛《けんあい》や非攻《ひこう》といった特色あるスローガンを掲げ、学団を形成して実践活動に奔走した。墨子に率いられた墨家集団は、儒家と厳しく対立する一方、他学派からは、「儒墨」とまとめて呼ばれ、当時の「顕学《けんがく》」（世に知れ渡った学派）と称された。

しかし、戦国の世が終わり、秦漢の統一帝国が成立するとともに、墨家は突如この世から消え失せてしまう。その思想と活動をまとめた書『墨子』も、継承者を失い、徐々にテキストは乱れていった。二千年以上前の古典が読めるということは、一つの奇跡である。だが、それには条件がいる。そのテキストを信奉し、きちんと伝承する後継者がいるということである。『墨子』の場合には、それがなく、長らくテキストは放置されていた。墨子の再評価が始まり、テキストの整備が進められたのは、ようやく清朝になってからであった。そのため、『墨子』は諸子百家の文献の中でも、最も難解な古典の一つとされる。

本書『墨子』の特色

そうした中で刊行された『古典文学全集』版の『墨子』は、きわだった特色を持っている。第一に、現代語訳の文章がきわめて明快平易である。もとの『墨子』の文体は、たたみかけるような議論調である。相手を説得しようという意識が強いのか、あまりにくどいとも言えるような硬い文章である。座右の銘とか、名言名句とかを抽出しづらい構成になっている。訳文も、それに引きずられて、どうしても硬くなりがちである。しかし、本書の現代語訳は、そうした難解な原文を見事に消化し、分かりやすい文章に転換している。

しかも、翻訳部分の選択が絶妙である。『墨子』は、もと七十一篇あったとされているが、今に伝わるテキストは全五十三篇からなる。構成は、プロローグとも言える七篇に続き、墨子の中心思想を述べた諸篇。すなわち、尚賢《しょうけん》、尚同《しょうどう》、兼愛、非攻、節用《せつよう》、節《せっ》葬《そう》、天志《てんし》、明鬼《めいき》、非楽《ひがく》、非命《ひめい》の「十論」を説く部分で、すべて上中下の三篇ずつからなる。また、これに続き、儒家批判を述べた非儒《ひじゅ》篇、墨家の論理学に関わる諸篇。さらに、耕柱《こうちゅう》篇から公輸《こうしゅ》篇までの墨子の言行録とも言える諸篇。最後に、備城門《びじょうもん》から雑守《ざつしゅ》篇までの軍事技術に関する諸篇がある。

本書は、こうした広範な内容を持つ『墨子』のうち、中心思想を述べた「十論」を中心に訳出する。ただし、十論は、原則としてそれぞれ上中下の三篇からなり、内容的に重複も多く、現在のテキストで上中下が揃っていない篇もあるので、本書では適宜選択し、尚賢篇の中下、尚同篇の上下、非攻篇の中、節用篇の中を割愛している。一方、儒墨の対立を知るための重要な資料として非儒篇、墨子の伝記を知る上での貴重な資料として耕柱篇から公輸篇までをすべて取り上げる。論理学を扱った諸篇と軍事技術について述べた諸篇が割愛されているのは、やや残念であるが、これらの訳注で、『墨子』の基本的な思想と全体像は、ほぼ把握できると言えよう。

第三の特色としてあげられるのは、専門的な注釈である。本書では、一般読者に配慮して、原文（漢文）や書き下し文は掲載していない。しかし、すぐれた現代語訳から推測されるとおり、原典に基づく専門的な精読がその背景にある。清朝末期の学者孫詒《そんい》譲《じょう》（一八四八〜一九〇八）の著した『墨子間詁《かんこ》』の説を基本とした上で、諸説を検討し、注釈という形で、その片鱗を示すのである。ここには、専門家をうならせる卓見がしばしば見られる。したがって本書は、はじめて『墨子』に出会う読者にとっては恰好の入門書となり、また専門の研究者にとっても充分に読み応えのある研究書となっているのである。

墨子の謎

ところで、本書は、墨子の謎についてどのような答えを用意しているであろうか。と言うのも、墨子はその伝記がほとんど伝わっていないこともあり、これまで大きく三つの謎があるとされてきたからである。

一つは、墨子の出自である。孔子を祖とする儒家集団については、白川静『孔子伝』が、その「儒」の意味に注目して、儒者が本来、葬儀などを担う祈禱師集団であるとの画期的な見解を示して注目されたが、墨子はどうなのであろうか。

また第二に、兼愛・非攻などの「十論」はなぜ、すべて上中下の三篇からなっているのか。他の諸子百家の文献には見られない特異なスタイルである。

そして第三は、戦国時代に大きな勢力を誇った墨家集団が、秦漢帝国以降に突如消滅し、絶学となってしまったのはなぜかという謎である。

これらの点について、本書では、次のような答えを示す。第一の出自の問題については、墨子を、「読書人」「士大夫の出身」「インテリ浪人」であったとする。これは当時、墨子を「技術者ないし工人の出身」とする見方があったことに疑問を呈するものである。確かに、『墨子』の備城門篇以下には、こまごまとした軍事技術が記されており、墨家に技術者としての一面があったことは確実であろう。しかし、当時、一介の工人が読書人・思想家となる機会はまずなかったと考えられる。墨子は旅行中にも、馬車に多くの書物を積み込んでいたとされる。また兼愛・非攻などの思想体系を築くには相当の学力が必要であったろう。訳者はこうした点に注目し、墨子工人説には疑いの目を向けるのである。

次に、中心思想を説く「十論」がすべて上中下三篇からなる点については、本書の尚賢篇の注釈にその見解が示される。『韓非子』顕学篇によれば、墨子の死後、墨家集団は三派に分裂したという。これに基づき、清の兪樾《ゆえつ》という学者は、これら三派がそれぞれ別個に伝えてきたテキストを、後人が一つに合わせたため各三篇になったと説く。しかし本書では、この立場を取らず、「上中下の三篇は、互いに相補いあって意味を明確にしてゆくという面が見られるのであって、あるいは最初から三篇にする意図の上に書かれた」との可能性を指摘する。内容が重複、繰り返しの傾向にあるのは、「墨子の語った相手が、無学であったせいであるかもしれない」とも説く。

第三の突然の消滅という問題については、いくつかの可能性を指摘する。まず宗教的色彩の強い集団の常として、「その偏狭さが分裂を盛んにし、自壊作用を招いた」こと、また、その軍事技術を活かして「戦争請負業者となった墨家の集団は、平和の時代になると無用の長物となった」ことを指摘する。

ただ、本書がそれ以上に注目するのは、墨子の思想そのものである。墨子は、その兼愛説を根拠として、万民のための政治を提唱した。そのため、民衆の生活を圧迫する君主の奢侈を排撃する必要があった。それが、「節用」「節葬」「非楽」の主張である。いずれも国民を思いやる節約経済策として提起されたものである。

このうち、「節葬」は、あまりに手厚い葬儀が経済の破綻を招くとして節約を唱えたものであったが、親族の死に対する素朴な心情を制約するものとして、他学派から激しく批判された。祖先崇拝を尊重する中国世界には受け入れられない主張であった。また、「非楽」も、当時の為政者が巨大なオーケストラを編成して楽舞にふけることを戒めようとするものであったが、礼楽を尊重する儒家から厳しく批判された。当時、音楽は単なる芸術や娯楽ではなく、政治・道徳を高める重要な教育手段として考えられていたからである。これらの主張は、秦漢以降の統一王朝の時代に入ると、「支配階級の特権を認めない」ものとして歓迎されず、墨家が急速に衰えていく原因になったと推測する。

さらに、墨子の最大のスローガンである兼愛も、墨家消滅の根本的理由になったのではないかとする。すなわち、「家族や国家という生活共同体の倫理を越えた、普遍的人類愛の思想は、宗教的信念の裏づけがないかぎり、ついに不毛に終わるべき運命にあったのではないか」と指摘するのである。

本書誕生の秘密

このように、本書は、難解な墨子の思想の核心に迫りつつ、多くの資料を縦横に使いながら、平易な現代語訳によって『墨子』を現代によみがえらせた。そのような離れ業ができたのはなぜだろうか。

訳者の森三樹三郎（一九〇九～一九八六）は、明治四十二年、京都府生まれ。京都帝国大学文学部哲学科支那哲学史専攻を卒業、京都帝国大学副手、東方文化研究所（現京都大学人文科学研究所）助手を経て、昭和十七年、大阪高等学校教授に任命された。その後、大阪大学文学部助教授を経て、昭和四十一年、教授に昇任。中国哲学講座を担当した。

研究業績は、大きく三つに分けることができる。一つは、博士論文『上古より漢代に至る性命観の展開』である。これは、人間を内外の両面から制約する「性」と「命」の問題について追究するもので、ここには、『論語』『孟子』を初めとする儒教文献のほか、道家や墨家の思想も取り上げられ、それぞれ明確な思想的位置づけが行われている。第二は、中国六朝期（魏晋南北朝）の精神史に関する研究である。漢代が儒教的な政治の世界であったとすれば、それに続く六朝は、宗教・文学・芸術の花開いた時代であり、人間性発見の時代であった。この六朝期に着眼した訳者は、六朝貴族の精神生活や宗教・政治の問題を解明し、その成果を『六朝士大夫の精神』『梁の武帝』などとして刊行した。そして第三は、老荘思想に関する諸研究や中国神話学に関する研究である。『無の思想―老荘思想の系譜―』を代表とする業績は、仏教や日本学の学識も駆使して老荘思想の本質を説くものであり、『中国古代神話』は、それまでほとんど未開拓と言ってもよかった中国神話学を切り開くものであった。

さらに、訳者の業績はこれにとどまらない。「名」の思想の分析によって中国人の宗教意識を論じた『名と恥の文化』、三千年に及ぶ中国の思想史を鳥瞰した『中国思想史』。そして、『老子』『荘子』『世説新語』『中国歴代刑法志』など多くの訳注群も、訳者の精緻な文献読解力と該博な知識に裏打ちされた業績である。

現在、大阪大学中国哲学研究室には、『中国中世研究資料カード集』という大冊が保管されている。これは訳者が長年にわたって取り続けた関係資料のカードをまとめたものである。コンピュータなき時代、情報は、ひたすら原典に当たって確認し、それをカードに書き出していくほかはなかった。数々の著作の背後には、実は、この膨大なカード群があった。そうした中から、本書『墨子』も誕生したのである。また、訳者は、講演の名手としても知られていた。難解な内容をできるだけ平易に伝えるという姿勢は、本書にもそのまま反映されていると言えよう。訳者を、漢代や六朝期の専門家ととらえていた人には少し意外であるかもしれないが、このように振り返ってみると、本書『墨子』が生まれたことには何の不思議もない。

『墨子』訳の最高峰

それでは、本書が誕生してから約半世紀。その後、中国思想史を取り巻く学界の状況はどうなっているのであろうか。

実は、本書が刊行されてからしばらくの後、中国では、古代思想史研究に衝撃を与える新しい資料が相次いで発見された。多くは古墓《こぼ》から出土した竹簡《ちっかん》（竹の冊書）である。秦の始皇帝が文字統一する前の古い字体で書かれたものもあった。また、『老子』『礼記』『尚書』などの重要な古典とほぼ同内容の文献も含まれていた。これらの出土文献が公開されるようになったのは、主として一九八〇年代以降であり、そこから中国の古典学は新たな時代を迎えることとなった。

たとえば、『晏子春秋《あんししゅんじゅう》』である。春秋時代の斉《せい》王に仕えた名宰相晏嬰《あんえい》の言行を伝えるとされる書であるが、これまでは、その来歴がはっきりせず、研究対象とされることはほとんどなかった。ところが、一九七二年に中国山東省の銀雀山《ぎんじゃくざん》にある漢の時代の墓から、竹簡に記された『晏子春秋』が出土した。『孫子』や『孫臏兵法《そんぴん》』が発見されたのも、この銀雀山漢墓である。当然、これらの書については再評価が進み、多くの研究が生み出されていった。

また、一九九四年に中国の上海博物館が入手した戦国時代の竹簡群「上博楚簡《しゃんはくそかん》」の中にも、『鬼神之明《きしんのめい》』という文献が含まれていた（タイトルは中国の整理者が内容に基づいて付けた仮称）。そしてこれは、鬼神の存在を説く『墨子』明鬼篇に関連する内容で、『墨子』の佚文《いつぶん》（今に伝わっていなかった一部）ではないかという可能性が指摘されている。

もちろん、本書『墨子』が刊行された当時、こうした情報はまったくなかったわけで、当然のことながら、『墨子』の古い写本（竹簡）に関する言及はなく、また、『晏子春秋』についても、非儒篇の注釈で、「その（晏嬰）の著作として『晏子春秋』があるが、自著ではないと見られる」と簡潔に述べられるのみである。

しかし、これは訳者の責任ではない。半世紀も経てば、少しは新しい情報も得られるということである。本書の価値は少しも揺らいでいない。『墨子』訳の最高峰。それは、やはり本書であろう。

二千年の時を超えて、墨子は再評価された。それは、清代末期になって、中国が列強の圧迫を受け、革命の機運が高まったことによる。兼愛・非攻の思想が庶民の立場に立つものとして、むしろ進歩的な思想であると見直され、論理学や軍事技術を説く科学的内容も、古代中国のものとは思われない近代性を持つものであるとして高く評価されたのである。現在、墨家の出身地とされる山東省滕州《とうしゅう》市には、「墨子紀念《きねん》館」があり、そこでは墨子を、偉大な思想家、科学者、軍事家などとして顕彰し、「科聖《かせい》墨子」と賞賛している。

そして今、国境・民族・宗教などをめぐって混迷する国際情勢の中で、墨子の思想は、もう一度見直されるべきであろう。兼愛・非攻の思想は、崇高な愛と不戦の精神を説く。それは、富国強兵を目指す当時の人々には受け入れられなかったかもしれないが、人類愛と国際平和を掲げる現代社会にとっては、頼るべき大きな指針となろう。それを改めて読み解いてみたい。本書の名訳によって。

本書は一九六五年に筑摩書房より刊行された『世界古典文学全集19』に収録されたものである。

ちくま学芸文庫

墨子《ぼくし》

二〇二一年十月十日　第一刷発行
二〇二三年九月十五日　第四刷発行

訳者　森　三樹三郎（もり・みきさぶろう）

発行者　喜入冬子

発行所　株式会社　筑摩書房
東京都台東区蔵前二―五―三　〒一一一―八七五五
電話番号　〇三―五六八七―二六〇一（代表）

装幀者　安野光雅

印刷所　明和印刷株式会社

製本所　株式会社積信堂

ISBN978-4-480-09490-2 C0110